Heiko Krimmer und Reinhold Rückle
Der Löwenmann wird Hirte

W0083535

Heiko Krimmer und Reinhold Rückle

Der Löwenmann wird Hirte

SCM Hänssler

SCM

Stiftung Christliche Medien

2. Auflage 2012

© der deutschen Ausgabe 2011
SCM Hänssler im SCM-Verlag GmbH & Co. KG ·
71088 Holzgerlingen
Internet: www.scm-haenssler.de; E-Mail: info@scm-haenssler.de

Die Bibelverse sind, wenn nicht anders angegeben, folgender
Ausgabe entnommen: Neues Leben. Die Bibel,
© der deutschen Ausgabe 2002 und 2006
SCM R.Brockhaus im SCM-Verlag GmbH & Co. KG, Witten.

Umschlaggestaltung: Jens Vogelsang, Aachen
Titelbild: fotolia.com (Hirte), 123RF.com (Gewürze)
Satz: typoscript GmbH, Walddorfhäslach
Druck und Bindung: CPI – Ebner & Spiegel, Ulm
Printed in Germany
ISBN 978-3-7751-5280-8
Bestell-Nr. 395.280

Inhalt

Vorwort

Liebe Leserinnen, lieber Leser,

wieder einmal legen wir Ihnen ein »Indienbüchlein« vor und berichten von Erfahrungen unserer indischen Geschwister mit dem lebendigen Gott, mit der Kraft des Namens Jesu, mit dem Wirken des Geistes Gottes. Wir geben Ihnen weiter, was sie uns erzählt haben und was wir mit ihnen erlebt haben:

- Suri, der Löwenmann, der eine Aussätzigensiedlung leitet
- Beulah, die von Jesusliedern in ihrem Herzen berührt wurde
- Anand, den ein Messerstich am Leib verwundet und in der Seele geheilt hat
- Vijaja, die AIDS hat und jetzt Heimat in der christlichen Gemeinde gefunden hat
- und viele andere Lebens- und Glaubensgeschichten.

Mit diesen Geschichten wollen wir Sie ermutigen, auch dem lebendigen Gott und dem Namen Jesus zu vertrauen, denn er ist derselbe, nicht nur gestern und heute, sondern auch in Indien und in Deutschland.

Neu in diesem Bändchen der Indiengeschichten sind die Bilder. Zum Teil zeigen sie die Personen, wie Suri, Beulah, Anand und Vijaja, zum Teil sind es Bilder, die Ihnen etwas vom Leben in Indien zeigen. Friederike Rückle hat diese Bilder bei ihren Besuchen in Indien gemacht und sie uns zur Verfügung gestellt, wir danken ihr sehr herzlich dafür.

Alles, was wir hier erzählen, hat sich im Umkreis der »Nethanja-Kirche« ereignet. Unter diesem gemeinsamen Namen arbeiten vier christliche Organisationen im indischen Bundesstaat Andhra Pradesh, die wir von Deutschland aus finanziell und beratend unterstützen. Im Anhang finden Sie eine Karte und eine Liste mit Informationen über die Orte und den Umfang der Nethanja-Arbeit und auch über Kontaktmöglichkeiten. Ein möglicher Kontakt: www.nethanja-indien.de.

Gottes Segen beim Lesen wünschen Ihnen

Ihre Dr. Heiko Krimmer und Reinhold Rückle

P. S. Wenn Sie mehr erfahren wollen – laden Sie uns ein, wir kommen gerne zu Besuch in Ihre Gemeinde oder Versammlung, in Ihren Hauskreis und auch zu Kinder- und Jugendgruppen. Unsere Adressen finden Sie im Anhang.

Der Löwenmann wird Hirte

Sein Anblick ist erschreckend. Ich begegne Suri im Januar 2010. Die schlimme Krankheit Aussatz hat ihn völlig entstellt. Die Füße sind nur noch zwei Klumpen. Es sind keine Zehen mehr da und an der linken Hand keine Finger mehr. Er hat entzündete, eiternde Wunden an beiden Händen. »Ich habe gekocht«, erklärt er mir, »dabei habe ich mich verbrannt. Es heilt so schlecht.« Lepra/Aussatz ist eine Krankheit, bei der die Nerven absterben. Der Kranke spürt keinerlei Schmerz bei Verletzungen. So entzünden sich Wunden und verfaulen. Dabei werden die Gliedmaßen verstümmelt. Am erschreckendsten aber ist sein Gesicht. Das typische Löwengesicht eines Leprakranken im fortgeschrittenen Stadium. Weil die Nerven abgestorben sind, ziehen sich die Gesichtsmuskeln zusammen und dadurch wird das Gesicht löwenähnlich.

Suri ist ein groß gewachsener Mann und auf meine Bitte hin erzählt er seine Geschichte. Er ist der erstgeborene Sohn einer reichen Bauernfamilie. Suri, das heißt »aufgehende Sonne«, hatten ihn seine Eltern voller Stolz genannt. Er hat noch mehrere Geschwister. Im Alter von elf Jahren zeigten sich an seinem Körper verräterische weiße Flecken. Die ersten Anzeichen für Lepra. Lange versuchte er sie zu verstecken. Er ging nicht mehr schwimmen mit den anderen

Suri, der Löwenmann

Jungen, trug lange Hemden und auch im heißen Sommer den knöchellangen Lungi, ein um die Hüften geschlungenes Tuch. Doch dann entdeckten die Eltern die weißen Stellen. Sie erschraken zutiefst. Sie isolierten ihn aus der Familie. Er wurde in den Kuhstall gesperrt. Von der Türe aus warfen sie ihm ein wenig Essen zu. Ein Jahr vegetierte Suri so dahin. Die Krankheit schritt fort. Schließlich vertrieb ihn die eigene Familie. »Du bist eine Schande für unsere Familie, hau ab, du bist nicht mehr unser Sohn und komme nie wieder.« Die eigenen Geschwister jagten ihn mit Steinwürfen aus dem Stall.

»Ich wollte mir das Leben nehmen, aber zweimal hat das Gift nicht gewirkt«, erzählte Suri. Sechs Jahre fristete er mit Betteln und Diebstählen sein Leben. Die Krankheit entstellte ihn immer mehr. Jeder wich ihm aus und oft wurde er mit Drohungen und Stockschlägen weggejagt. Eines Tages erzählte ihm ein mitleidiger Mann von einem Krankenhaus, in dem Lepra behandelt würde. So kam Suri nach Sallur, einem Aussätzigenkrankenhaus im Süden Indiens, das von einer deutschen Lepra-Mission betrieben wird. Er wurde kostenlos behandelt und nach zwei Jahren war die Krankheit geheilt. Allerdings konnten die schon eingetretenen Entstellungen nicht mehr rückgängig gemacht werden. Suri war und blieb für die Menschen ein Aussätziger.

In Sallur lernte er eine junge Frau kennen, ebenfalls aussätzig. Die beiden heirateten und bekamen zwei Kinder. Unter einer Brücke in der Stadt Vizag baute Suri eine Hütte aus Karton und Palmwedeln für seine Familie. Sie ernährten sich durch Betteln, niemand gab ja einem Aussätzigen Arbeit. »Das waren die glücklichsten Jahre in meinem Leben, in allem Elend waren wir eine zufriedene Familie«, erzählte er. Doch dann, nach fünf Jahren starb seine Frau. Nun war er allein mit den beiden Kindern. »Mit uns lebten mehr als dreißig Familien unter der Brücke, alles Aussätzige, alle Bettler. Und wir halfen uns gegenseitig. So kamen wir durch.« Suri sagte das tief dankbar.

Eine Gruppe von zwanzig Familien wählte ihn zu ihrem Anführer. Sie bettelten immer am selben Platz, vor einem großen Tempel. Die Almosen, die ihnen zugeworfen wurden, gaben die Leute nicht aus Mitleid oder Barmherzigkeit, vielmehr hatten sie Furcht, von den Bettlern verflucht zu werden. Sie gaben aus Angst, um die Dämonen der Krankheit zu vertreiben.

Eines Abends erklangen unter der Brücke Lieder und Trommeln. Neugierig strömten die Lepra-Leute zusammen. Eine Gruppe von Studenten der Nethanja-Bibelschule in Vizag hielt eine Straßenevangelisation. Pastor Johnson, ebenfalls früher leprakrank, verkündigte das Evangelium. »Der Gott Jesus hat vielen Aussätzigen geholfen. Er will auch heute gerade denen, die in Not sind in besonderer Weise begegnen«. Er predigte über die Heilung der zehn Aussätzigen. »Einer kam zurück und dankte Jesus, als er gesund geworden war und folgte ihm nach. Auch ihr könnt zu Jesus kommen und bei ihm wirkliches Leben finden«, schloss er seine Predigt. Aufmerksam hörte Suri zu und die Worte bewegten sein Herz.

Pastor Johnson erzählte Bischof Singh von dem Elend dieser Gruppe und wenige Tage später besuchte Bischof Singh den Slum. Er bot seine Hilfe an. »So hat noch niemand mit uns geredet, auch ohne jede Angst vor Berührung«, wundert sich Suri heute noch. Bischof Singh verhandelte mit den Behörden. Tatsächlich konnte er erreichen, dass für Suri und seine Gruppe ein Stück Land am Rand der Stadt zur Verfügung gestellt wurde. Zwanzig Familien zogen dorthin. Die Nethanja-Kirche half beim Bau einfacher Hütten und betreute die Gruppe regelmäßig. Vor drei Jahren kam Suri zum Glauben und ließ sich von Bischof Singh taufen. Noch weitere Familien fanden zum Glauben. Suri hatte am Tempel eine Frau, ebenfalls eine Bettlerin, kennengelernt. Sie war stumm. Die beiden freundeten sich an und heirateten. Lakshmi wurde eine liebevolle Mutter für die beiden Kinder.

Suri ist ein rechter Hirte für die ganze Gruppe geworden. Sie vertrauen ihm alle, bilden eine richtige Kommune. Was sie erbetteln, liefern sie bei ihm ab und er verteilt es gerecht und sorgt dafür, dass alle ihr Auskommen haben. Inzwischen hat die Stadt sogar eine Stromleitung gelegt und die Zusage gegeben, dass sie feste Häuser bauen dürfen. Stolz zeigt uns Suri einen alten Fernseher in seiner Hütte. »Hier versammeln wir uns jeden Montagmorgen, wenn Bischof Singh im Fernsehen predigt. Er ist unser geistlicher Vater und gibt uns geistliche Speise.«

Sie haben ihrer Siedlung den Namen »Suripallem« gegeben, »Sonnenort«. Unter einfachen Verhältnissen leben diese Aussätzigen, aber sie haben wieder Hoffnung gewonnen und ihr »Löwenmann«, der Hirte Suri, geht mit ihnen Schritte in eine bessere Zukunft. Wir von der Nethanja-Kirche helfen mit. Ein Pastor betreut Suripallem regelmäßig. Suris Kinder können sogar eine Schule besuchen und müssen nicht weiter als Ausgegrenzte leben.

Fieber zur rechten Zeit

Paul und seine Schwester Shanti sind beide Waisenkinder. Ihre Eltern waren bei einem Unfall ums Leben gekommen. Niemand aus der Verwandtschaft wollte sich um die beiden kümmern. Jeder hatte mit seiner eigenen Not und Armut zu kämpfen. Die beiden Waisen kamen durch einen Pastor der Nethanja-Kirche in unser Kinderheim nach Vizag. Dort fanden sie liebevolle Aufnahme und erhielten eine gute Schulausbildung. Paul besuchte dann unsere Bibelschule und wurde Pfarrer der Gemeinde in Sugopeta, einem Dorf im West-Godaveri-Gebiet. Seine Schwester Shanti schloss mit der zwölften Klasse (unserem Abitur vergleichbar) ab und lebte dann bei ihrem Bruder.

Shanti war leicht behindert. Ein sehr intelligentes Mädchen, aber nach einem Beinbruch hinkte sie. Deswegen fand sie wohl auch niemand, der sie heiraten wollte. Die Leute im Dorf begannen zu tuscheln: »Sie ist eine Gestrafte. In ihrem vorherigen Leben muss sie große Sünde getan haben. Ihr Gott Jesus kann da auch nicht helfen.« So wurde Shanti zu einer Belastung für den missionarischen Dienst ihres Bruders Paul. »Wie sollen wir deinen Worten glauben? Deine eigene Schwester ist doch ein Beweis, dass euer Gott Jesus keine Kraft hat«, so wehrten die Hindus die Predigt Pastor Pauls ab.

Shanti wollte nicht länger Hindernis für Paul sein und bewarb sich auf eine Verwaltungsstelle im Rathaus von Vizag. Sie wurde tatsächlich zu einem Vorstellungsgespräch eingeladen. Zehn Stunden dauerte die Busfahrt nach Vizag, auch ihr Bruder Paul begleitete sie. Unterwegs bekam Shanti hohes Fieber und Schüttelfrost. Sie war ernsthaft krank und wurde sogar bewusstlos. Paul war in großer Sorge um sie. Der Bus erreichte die Außenbezirke von Vizag. Da sah Paul das große Schild des Missionszentrums in Paradesipalem. Unser Zentrum liegt etwa fünfzehn Kilometer vom Stadtzentrum entfernt. Kurz entschlossen stieg Paul aus. Er trug seine bewusstlose Schwester auf den Armen und legte sie auf die Stufen der Kirche.

Bischof Singh kam zu ihnen. Als Paul ihm die Situation schilderte, rief er einige Mitarbeiter zusammen. Sie trugen Shanti in die Kirche und beteten für sie. Nach etwa einer Stunde schlug Shanti die Augen auf, Farbe kehrte wieder zurück in ihr Gesicht und sie konnte aufstehen. Das Fieber war weg. Jesus hatte sie geheilt. Mit großem Dank verabschiedeten sich die beiden Geschwister und eilten nach Vizag zum Rathaus. Aber der Termin war schon vorbei. Der zuständige Beamte war gegangen. Die Stelle hatte eine andere Bewerberin erhalten.

Tief enttäuscht und ratlos standen die beiden Geschwister auf der Straße vor dem Rathaus. Shanti weinte sogar: »Erst hilft mir Jesus und dann ist doch alles umsonst«, sie konnte das nicht verstehen. Plötzlich hielt ein Auto neben ihnen. Ein Mann stieg aus und kam auf sie zu. Paul erkannte erstaunt einen Mitstudenten aus seiner Bibelschulzeit. Er war inzwischen als Schulinspektor bei der Regierung angestellt. Als er von der Situation der Geschwister hörte, sagte er spontan zu Shanti: »Ich kann dir eine Stelle als Lehrerin anbieten. Ich kenne dich ja noch aus der Zeit im Kinderheim. Gerade bin ich auf dem Weg ins Rathaus, um nach geeigneten Leuten zu suchen.« Shanti war überglücklich. Lehrerin, das war immer ein geheimer Wunsch von ihr gewesen. »Dann war das Fieber doch zur rechten Zeit, denn sonst hätten wir uns nicht getroffen«, sagte sie dankbar staunend.

Inzwischen ist Shanti mit Leib und Seele Lehrerin und die Kinder lieben sie. Immer wieder besucht sie ihren Bruder

Pastor Paul in Sugopeta. Das Gerede der Leute ist verstummt und Shanti hat öffentlich bezeugt: »Der Herr Jesus hat Kraft. Er kann sogar durch Krankheit neue Wege öffnen.«

Der Café-Krieg

Pastor Ramesh arbeitet von Rajahmundry aus in den Dörfern am Meer. Viele von ihnen wurden bei dem Tsunami im Dezember 2004 schwer zerstört. Unzählige Menschen kamen ums Leben. Hauptsächlich Männer, die als Fischer am Morgen des 26. Dezembers auf dem Meer waren. Pastor Ramesh hat die Hilfen der Nethanja-Kirche geleitet: Häuser wurden wieder aufgebaut; neue Fischerboote angeschafft, die vielen Witwen wurden versorgt, Waisenkinder betreut und Projekte »Hilfe zur Selbsthilfe« gegründet. Die Menschen waren in ihrer Not ganz offen für den Trost des Evangeliums und einige neue Christengemeinden entstanden.

Auch in Kalipalem, einem kleinen Dorf am Meer, kamen drei Familien zum Glauben und ließen sich taufen. Regelmäßig jeden Mittwoch besuchte Pastor Ramesh die Christen und hielt einen Abendgottesdienst. Die Christen wollten aber auch die anderen Dorfbewohner mit der frohen Botschaft von Jesus erreichen. Sie hatten eine gute Idee: Sie eröffneten ein kleines Café. Dort konnten die Leute billig ein einfaches Frühstück und Abendessen einnehmen, Chapati – ein indisches Brot – und Gemüse – oder Hähnchencurry. Die Christen kochten und bedienten sie und kamen so mit vielen – auch über Jesus – ins Gespräch. Die Zahl derer, die zu den Gottesdiensten am Mittwochabend kamen wuchs.

Neben dem Café wohnte Ravindi. Sie wurde im Dorf gefürchtet. Immer wieder bedrohte sie in wilden Wutausbrüchen Menschen, verfluchte sie und griff einige sogar mit dem Stock an. »Sie ist von bösen Geistern besessen«, flüsterten die Leute und gingen ihr möglichst aus dem Weg.

Sie war Witwe und ihre eigenen Kinder hatten sie verlassen aus Angst vor ihren Zornattacken.

Von Anfang an hasste sie die Christen. Pastor Ramesh wollte sie einmal besuchen, bevor das christliche Café eröffnet wurde. Ravindi geriet bei seinem Anblick völlig außer sich. Sie begann wild zu schreien, zu fluchen und ergriff sogar ein Messer, um Ramesh anzugreifen. Sie schrie mit einer unnatürlichen, sehr tiefen Stimme: »Ich verfluche dich, Jesusmann. Ich will dich umbringen. Du bringst Unglück über uns alle.« Pastor Ramesh zitterte innerlich vor Furcht, aber er antwortete mit fester Stimme: »Im Namen Jesu Christi, schweige. Wir wollen kein Unglück ins Dorf bringen. Wir reden von Jesus. Er will unser Glück. Er ist der Helfer Gottes.« Ravindi schaute ihn in glühendem Hass an, verstummte aber und floh zurück in ihre Hütte.

Ohne Gewürze geht gar nichts in der indischen Küche.

Sie begann einen richtigen Kleinkrieg gegen ihre christlichen Nachbarn und ihr Café. Jeden Mittwoch, wenn die kleine Gemeinde sich zum Gottesdienst versammelte und sang, stellte Ravindi ihr Radio auf volle Lautstärke. Die Predigt war dadurch kaum zu verstehen. Auch gegen das Café ging sie vor. So schüttete sie in einem unbeobachteten Augenblick Gift in den Tee. Doch bemerkten es die Leute noch rechtzeitig. Den Reis verunreinigte sie mehrmals mit Sand und Kot. In einer Nacht legte sie sogar Feuer. Ein Teil des Cafés brannte nieder. Die Gemeinde griff nicht zur Gegenwehr. Sie beteten anhaltend für Ravindi. Immer wieder predigte Pastor Ramesh über Geduld, die Macht der Fürbitte und gelebte Nächstenliebe. Trotzdem war es für die Gemeinde schwer, die wütende Nachbarin zu ertragen und sie lebten in ständiger Angst vor dem nächsten Anschlag. Aber die Dorfleute kamen nach wie vor in das Café. Die Geduld und die Friedfertigkeit der Christen wurden für sie zu einem beeindruckenden Zeugnis.

Am 16. September 2009 kam der Höhepunkt dieses Krieges. Wieder war die Gemeinde zum Gottesdienst versammelt. Verwundert bemerkten sie zunächst, dass das Radio der Nachbarin stumm blieb. Pastor Ramesh konnte mit normaler Stimme seine Predigt halten. Doch plötzlich stürmte Ravindi laut schreiend in die Versammlung. Sie schwang ein großes Messer. Ihr Gesicht war zu einer Fratze des Hasses verzerrt. Sie schrie mit einer tiefen Männerstimme in wilder Art: »Ich töte euch alle! Weg mit dem Christengott Jesus! Ihr sollt alle verflucht sein!« Die Gemeinde war stumm vor Angst. Da trat ihr Pastor Ramesh entgegen. »Im Namen Jesu Christi gebiete ich dir«, er erkannte, dass Ravindi von einem bösen Geist besessen war, »lass die Frau in Frieden und fahre aus!« Augenblicklich fiel Ravindi zu Boden. Sie zuckte mit allen Gliedern, stieß noch einige wilde, unartikulierte Schreie aus und fiel dann in tiefe Ohnmacht.

Die Gemeinde stellte sich im Kreis um die Bewusstlose und sie beteten für sie. Nach etwa einer Stunde schlug Ravindi die Augen auf. Die Besinnung kehrte zurück. Sie setzte sich auf. Ihr Gesicht war völlig entspannt. Sie war frei geworden von dem Geist, der ihr Leben so getrieben hatte. Pastor Ramesh setzte seine Predigt fort. Ravindi blieb sitzen und hörte aufmerksam zu. Der »Krieg« war zu Ende. Regelmäßig kam sie nun zum Gottesdienst. An Weihnachten ließ sie sich taufen.

Ravindi arbeitet nun sogar im Café mit. Sie bezeugt den Leuten die Freiheit, die allein Jesus Christus geben kann.

Der rettende Messerstich

Durgama lebt mit ihrer Familie – ihrem Mann und den beiden Söhnen Anand und Shiwa – im Slum Seva Nagar in Vizag. 1985 hatte sie Ramesh geheiratet. »Ich bringe dich raus aus dem Slum«, hatte er ihr damals versprochen. Er hatte einen Arbeitsplatz bei der Straßenreinigung und ihre Hütte war zwar klein, aber sie hatte immerhin feste Mauern und ein regendichtes Dach. Die beiden Söhne Anand und Shiwa wurden geboren und sie waren eine zufriedene Familie. Aber dann wurde Ramesh bei der Arbeit von einem Lastwagen angefahren und schwer an beiden Beinen verletzt. Er konnte nicht mehr arbeiten und erhielt nur eine kleine Entschädigung. Ramesh begann zu trinken und schloss sich einer Bande von Räubern im Slum an. Mehrmals wurde er verhaftet und schließlich kam er für lange Jahre ins Gefängnis.

Durgama musste nun alleine für die Familie sorgen. Sie bekam eine Stelle als Hausgehilfin und war so den ganzen Tag weg. Die beiden Jungen waren sich selbst überlassen. Beide gerieten auf die schiefe Bahn. Anand schloss sich einer Jugendbande im Slum an und war bald ein gefürchteter Schläger. Auch Shiwa ließ sich verführen und wurde ein geschickter Taschendieb. Durgama versuchte alles, um ihre Kinder auf einen guten Weg zurückzubringen, aber die Brüder hörten nicht auf sie. Sie verlachten ihre Mutter, ja, als sie größer wurden, schlugen sie sie sogar. Durgama litt unsäglich. In ihrer Situation suchte sie Hilfe bei Pastor Jesu Das. Er hatte im Slum eine kleine christliche Gemeinde gesammelt. Pastor Jesu Das ist ein Krüppel. Die Kinderlähmung hatte ihn dazu gemacht. Er kann sich nur mühsam fortbewegen. Trotzdem tut er seinen Dienst in Zusammenarbeit mit der Nethanja-Kirche mit großem Eifer und in ansteckender Freude.

Durgama fand bei ihm immer wieder Ermutigung und Hilfe: »Ich werde für deine Söhne beten und Jesus wird hören. Vertraue ihm«, sagte er zu ihr. Durgama kam regelmäßig zum Gottesdienst und ließ sich 2004 taufen. Ihre Söhne verhöhnten sie: »Du mit deinem Jesusgott. Er kann uns auch nicht helfen. Wir nehmen unsere Zukunft selbst in die Hand.«

Eines Tages ging Durgama auf den Markt. Vor ihr fuhr ein kleiner Lastwagen, voll beladen mit frischem Fisch. Ein großer Fisch fiel herunter, direkt Durgama vor die Füße. Jeder andere hätte wohl den Fisch schnell für sich genommen, nicht so Durgama. Sie lief dem Fischhändler nach und gab ihm den Fisch zurück. Der war hoch erstaunt. So etwas war ihm noch nie vorgekommen. »Du bist eine ehrliche Frau«, sagte er zu Durgama, »ich hätte eine Arbeit für dich. Du könntest mir beim Verkauf helfen.« So wurde Durgama Fischhändlerin. Nach zwei Jahren wurde ihr Chef schwer krank. Er übergab ihr sein Geschäft. Durgama arbeitete hart und brachte es zu einem bescheidenen Wohlstand. Doch ihre große Not blieben ihre beiden Söhne. Sie gerieten immer tiefer in kriminelle Machenschaften. Oft ließen sie sich tagelang nicht blicken und wenn sie kamen, plünderten sie ihre Mutter aus. Schon vier Jahre betete Pastor Jesu Das für die beiden. »Vertraue weiter auf Jesus«, tröstete er die Mutter, »er wird eingreifen.« Der ältere Sohn Anand

Eine Fischhändlerin auf dem Straßenmarkt

21

war tief drogenabhängig geworden. Manche Tage war er völlig von Sinnen, wütete gegen seine Mutter oder dämmerte besinnungslos vor sich hin. Eines Nachts wankte er stöhnend in die Hütte. Durgama fuhr erschrocken aus dem Schlaf. Anand hatte eine tiefe Wunde am Hals von einem Messerstich, nur knapp neben der Arterie.

Seine Mutter versorgte ihn und pflegte ihn lange Tage. Die Wunde entzündete sich und es ging auf Leben und Tod. Pastor Jesu Das kam oft und betete für den Schwerkranken. Nach drei Wochen ging es Anand besser. Er kam zurück ins Leben, wie aus einem tiefen Schlaf. Er wurde nicht nur gesund, sondern auch heil. »Ohne euch wäre ich tot«, sagte er zu seiner Mutter und Pastor Jesu Das, »ich habe euer Beten gehört und der Gott Jesus hat tatsächlich geholfen. Ich will ab jetzt auch ihm vertrauen.« Der Messerstich hatte sein Leben gerettet.

Anand wurde ein fleißiger Mitarbeiter bei seiner Mutter. Auch er ließ sich taufen. In der Gemeinde übernahm er die Jugendarbeit. Er baute eine Musikgruppe auf. Durgama stiftete die Instrumente. Bei der Taufe Anands lud sie alle Gemeindeglieder ein. Es wurde ein großes Dank- und Freudenfest. Ich besuchte die drei im Januar 2010 zusammen mit Bischof Singh. Besonders Anand machte auf mich großen Eindruck. Mit großer Freude erzählte er mir von seiner Lebenswende! Ich sah die lange Narbe von dem Messerstich an seinem Hals. »Das ist

Anand strahlt wieder.

mein Rettungszeichen«, meinte er lächelnd. Zum Abschied sagte Pastor Jesu Das: »Im Mai planen wir eine Evangelisation hier im Slum, Durgama übernimmt alle Kosten. Ich habe nur eine Bitte«, wandte er sich an Bischof Singh, »komme du zu uns und verkündige das Wort Gottes.« Bischof Singh sagte spontan zu. »Vielleicht ist bis dahin auch mein Bruder Shiwa mit uns«, ergänzte Anand, »wir beten alle jeden Tag für ihn.«[1]

---

[1] Siehe auch »Pastor Jesu Das« S. 103 ff

Das aufgebetete Gefängnis

Pastor Moses hat in Urundi, einem Dorf am Godaverifluss, eine christliche Gemeinde gesammelt. Fünfzig Familien gehören dazu, alle sind Dalits, also Menschen, die keiner Kaste angehören, Verachtete und Ausgegrenzte. Sie alle leben am Rand des Dorfes. Sie dürfen kein Wasser am Dorfbrunnen holen und müssen die niedrigsten Arbeiten verrichten. Die anderen Bewohner des Dorfes sind alle strenge Hindus und begegnen der christlichen Gemeinde mit Ablehnung, ja sogar mit Hass. Wiederholt kam es zu gewalttätigen Angriffen. Zweimal schon wurde die einfache Kirche angezündet. Oft haben Schlägertrupps die Gottesdienste gestört und Gemeindeglieder blutig geschlagen. Pastor Moses tröstet und ermutigt die Christen immer wieder. »Selig seid ihr, wenn euch die Menschen um meinetwillen schmähen und verfolgen...« Immer wieder predigt er über diese Seligpreisung Jesu aus Matthäus 5, Vers 11.

Rhandi war der Bürgermeister des Dorfes. Sein Hass auf die Christen war sehr groß. »Ich mach unser Dorf christenfrei!«, verkündete er fast täglich. Er schikanierte die Christen, wo es ging. Sie durften kein Holz aus dem Gemeindewald holen. Ihre Tiere durften nicht auf das Weideland des Dorfes. An den Markttagen war es den Christen verboten, ihre Waren zu verkaufen, ja sogar das Einkaufen war ihnen streng untersagt. Doch die Gemeinde ertrug dies alles in großer Geduld. Pastor Moses bestärkte sie darin. Er las die Bibelworte aus dem 1. Petrusbrief: »Freuet euch, dass ihr mit Christus leidet... Selig seid ihr, wenn ihr geschmäht werdet, um des Namens Christi willen...« (1. Petrus 4, 13+14). Daraus schöpften die Christen Kraft; sie beteten auch ausdauernd für ihre Bedrücker.

Im Mai 2009 waren Wahlen in Indien. In Urundi fanden viele Wahlversammlungen statt, immer für die BJP, die streng religiöse Hindupartei, der auch Bürgermeister Rhandi angehörte. Doch dann kam ein Abgeordneter der Kongresspartei, der führenden indischen Partei, die auch für die Rechte der Dalits und der Minderheiten eintritt. Er versprach in seiner Wahlrede sogar den Christen Hilfe und bessere Lebensbedingungen. Es kam zu Unruhen. Rhandi hetzte die Menschen auf. Es flogen Steine und der Kongressabgeordnete musste fluchtartig das Dorf verlassen.

Am nächsten Morgen fand man Bürgermeister Rhandi tot in seinem Haus. Erstochen mit vielen Messerstichen. »Das waren die Christen«, war sofort die einhellige Meinung. Mit ungezügelter Wut griff die Menge die Hütten der Christen an. Die Polizei schritt ein. Doch dann meldete sich Kanu, ein junger Mann, selber an einem Arm durch einen Messerstich verwundet. »Es waren Christen, die uns angegriffen haben. Ich konnte gerade noch entkommen«, behauptete er. Er nannte sogar einige Namen. Es waren die Namen von den fünf Gemeindeältesten. Die Polizei nahm sie fest und brachte sie ins Gefängnis in der Bezirkshauptstadt, etwa 30 Kilometer entfernt. Dort erließ der Richter Haftbefehl gegen die fünf und setzte die Verhandlung an. Ihnen drohte die Todesstrafe.

Die christliche Gemeinde war tief verstört. Einige riefen sogar nach Rache. Aber Pastor Moses rief in der Gemeindeversammlung: »Wir wollen nicht vergelten! So sagt es Jesus – ›Betet für die, die euch verfolgen‹ (Matthäus 5,44, Übersetzung nach Elberfelder)! Das wollen wir tun! Jesus wird uns Recht schaffen.« Etwa vierzig Gemeindeglieder gingen in die Bezirkshauptstadt und beteten vor dem Gefängnis. Die Polizei wollte sie vertreiben, aber sie blieben da. »Wir tun nichts Ungesetzliches«, verteidigten sie sich, »wir wollen nur in der Nähe unserer Brüder sein.« Sie beteten und sangen Jesuslieder, sieben Tage lang.

Auch in Urundi betete die ganze Gemeinde, 24 Stunden, immer sich abwechselnd. Am Abend des sechsten Tages klopfte es an Pastor Moses, Hütte. Draußen stand Kanu, der Belastungszeuge.

Er sah erbärmlich aus. Sein ganzer Arm, der mit der Messerwunde, war dick geschwollen und entzündet. Er hatte hohes Fieber und die roten Streifen am Arm zeigten eine beginnende Blutvergiftung an. »Niemand konnte mir helfen«, flehte er Pastor Moses an, »meine letzte Hoffnung ist dein Gott Jesus. Ich bekenne auch, dass ich gelogen habe. Man hat uns viel Geld gegeben, gegen euch auszusagen. Ja, ich habe mir sogar die Wunde selbst zugefügt«, weinte er. Pastor Moses nahm ich mit in die Kirche, wo die Gemeinde versammelt war zum Gebet.

Und nun beteten sie für Kanu. Die Kraft Jesu Christi wurde sichtbar. Nach fünf Stunden des Gebets rief Kanu erstaunt: »Die Schmerzen sind weg, der Arm ist wieder ganz normal. Ich bin gesund. Ehre eurem Gott Jesus. Er hat wirklich Kraft.«

Ohne dass Pastor Moses etwas sagte, ging Kanu in die Bezirkshauptstadt und gestand vor dem Richter seine falsche Aussage ein. In Wirklichkeit hatten politische Gegner Bürgermeister Rhandi ermorden lassen. Sie wollten die Macht im Dorf übernehmen.

Der Richter ließ die Gefangenen frei. In Urundi hielt die christliche Gemeinde einen festlichen Lob- und Dankgottesdienst. Die Dorfbewohner hatten die Ereignisse sehr genau beobachtet und die Friedfertigkeit, Geduld und Glaubenstreue der Gemeinde hatte sie tief beeindruckt. Besonders, wie sie für den falschen Zeugen Kanu gebetet hatten und er geheilt worden war – die Menschen konnten es kaum fassen. Als Folge entstand ein großes Fragen nach dem Gott Jesus in Urundi und an Ostern 2010 konnte Pastor Moses mehr als vierzig Menschen taufen.

Ein Sturz lässt viele aufstehen

Shalit ist ein Barfußevangelist in der Nethanja-Kirche. Das ist ganz wörtlich zu verstehen. Er läuft barfuß. Seine Familie ist viel zu arm, als dass sie sich Schuhe leisten könnten. Shalit ist zudem in einem Dschungeldorf aufgewachsen mit drei Geschwistern. Schon früh mussten alle Kinder mitarbeiten, um täglich dem Stück Land, das ihnen gehörte, wenigstens etwas an Früchten und Gemüse abzuringen. Viele Tage arbeiteten sie alle fünf auf den Feldern eines Großgrundbesitzers. Aber Armut, Hunger und Krankheiten bestimmten das Leben der Familie. Von der Nethanja-Kirche aus gab es dann das Angebot einer Tagesschule. Pastor John besuchte auch Shalits Familie und lud die Kinder zum Besuch der Schule ein. Zunächst sträubten sich die Eltern. »Unsere Kinder müssen mitarbeiten, sonst verhungern wir alle«, sagten sie. Aber Pastor John wusste Rat: »Wir geben euch jeden Monat so viel Unterstützung, wie eure Kinder verdienen«, da gingen die Eltern auf den Vorschlag ein.

Shalit lernte gut und er wurde auch ganz offen für das Evangelium von Jesus Christus. Mit sechzehn Jahren ließ er sich taufen. Seitdem unterstützte er Pastor John bei seinen Diensten. Schließlich gab ihm der Pastor die Erlaubnis, selbstständig in den Dörfern zu predigen. So kam Shalit nach Nurapallem, einem Dorf tief im Dschungel, in dem noch nie jemand von Jesus gepredigt hatte. Mit ganzem Eifer besuchte Shalit immer wieder »sein« Dorf und nach zwei Jahren gab es eine kleine Gemeinde in Nurapallem, fünf Familien ließen sich von Pastor John taufen. Shalit blieb dort im Dienst und nach einem weiteren Jahr, baute die Gemeinde sogar eine kleine Lehmkirche.

Shalit plante ein großes Einweihungsfest und lud dazu das ganze Dorf ein. Die Christen hatten zusammengeholfen, auch Pastor John hatte finanzielle Unterstützung zugesagt, und so konnte für alle ein gutes Essen gekocht werden. Die Leute in Nurapallem duldeten zwar die Christen, aber sie beobachteten misstrauisch, wie sie ihrem neuen Gott Jesus folgten.

Der Einweihungstag kam. Alles war vorbereitet. Etwas fehlte noch. Nach der Tradition wurden die Gäste mit dem Saft einer Kokosnuss begrüßt. Shalit bat deshalb Nagi, einen vierzehnjährigen Jungen aus dem Dorf auf die Kokospalme zu steigen und die Früchte zu ernten. Nagi hatte das schon oft gemacht. Mit katzenartiger Gewandtheit stieg er den Stamm hinauf. Nur ein Gurt um den Leib sicherte ihn. Er schlug die Kokosnüsse ab und warf sie herunter. Die Menschen sahen ihm zu. Plötzlich, ein Aufschrei ging durch die Menge – Nagi stürzte vom Baum. Er hatte aus Versehen mit seinem Hammer den Gurt durchtrennt.

Da lag er. Regungslos. War er tot? Die Umstehenden waren starr vor Schreck. Doch dann erklangen immer mehr die drohenden Stimmen: »Die Christen bringen Unglück ins Dorf. Sie töten sogar unsere Kinder. Weg mit dem fremden Gott Jesus!« Shalit stand tief betroffen da. Doch dann legte er sich auf Nagi: »Ich habe es gemacht wie Paulus, der den Eutychus so wiederbelebt hatte«, erzählte mir Shalit. Er hatte kurz zuvor Apostelgeschichte 20 gelesen.

Und Nagi begann wieder zu atmen, Farbe kehrte in sein Gesicht zurück. Er lebte! Die Menschen staunten und beruhigten sich. Die Drohungen erstarben. Nagi lebte zwar, aber er konnte nicht aufstehen. Sein linkes Bein war gebrochen. Er hatte große Schmerzen. So legten sie Nagi auf eine einfache Bahre und brachten ihn in ein Krankenhaus. Einen ganzen Tag waren sie unterwegs. Shalit kehrte nach

Nurapallem zurück. Der Dorfhäuptling stellte ihn öffentlich zur Rede. »Ihr habt Nagi nur weggebracht, weil er doch sterben wird«, warf er Shalit vor. »Wenn er nicht gesund zurückkommt, geschieht euch Schlimmes«, drohte er. Die nächsten Tage waren eine schwere Zeit für die Christen in Nurapallem. Immer aggressiver begegneten ihnen die Leute. »Nagi ist schon lange tot. Ihr verheimlicht es nur, jagt die Christen fort.« Die Vorwürfe und Drohungen wurden lauter.

Dann, nach vier langen Wochen kam Nagi endlich zurück. Er lebte und sein Bein war schon sehr gut wieder zusammengewachsen. Er bezeugte vor den Leuten: »ich glaube an den Gott Jesus. Er hat mir geholfen.« Die kleine Gemeinde in Nurapallem wuchs. Shalit fragte Pastor John: »Warum hat Jesus nicht ein ganzes Wunder getan und das Bein auch geheilt?« »Er hat euer Vertrauen eingründen wollen und euren Glauben wachsen lassen«, war die weise Antwort.

Mut zum Leben

Pastor Johnson hatte eine christliche Gemeinde in Hira-
mandalam, einem Dorf am Ufer des Godaveriflusses
gesammelt. Es waren fünfzehn Familien, die zum Gottesdienst kamen. Die anderen Dorfbewohner beobachteten
die Christen mit Misstrauen, ließen sie aber gewähren.
Ganesh, einer der Dorfältesten, ein überzeugter Hindu,
hetzte aber immer wieder gegen die Christen. »Wir brauchen keinen neuen Gott in unserem Dorf. Unsere Götter
haben uns immer beschützt und geholfen«, sagte er in der
Dorfversammlung.

Dann hatte Ganesh einen schweren Unfall. Beim Pflügen
gingen seine Ochsen durch und er geriet unter den Pflug.
Knochenbrüche und tiefe Wunden am Oberkörper waren
die Folge. Man trug ihn in seine Hütte und rief den Medizinmann. Aber dessen Kräuter und Salben halfen nicht.
Auch der Dorfzauberer, der die Krankheitsgeister beschwor,
konnte nichts ausrichten. Schließlich erklärten beide:
»Ganesh wird sterben. Das ist sein Karma. Niemand kann
ihm helfen.« Seine Frau und die vier Kinder mussten sich
damit abfinden. Sie stellten sein Bett in den kleinen Ziegen-
stall. Die bösen Geister sollten nicht von der Hütte Besitz
nehmen.

Pastor Johnson hörte vom Schicksal Ganeshs. Er besuchte
ihn. Dort lag er im Halbdunkel. Die eiternden Wunden ver-
breiteten einen durchdringenden Geruch. Johnson konnte
kaum atmen. »Darf ich für dich beten?«, fragte er den Sterbenden. Der nickte schwach. »Vielleicht kann ja dein Gott
Jesus helfen, unsere Götter sind zu schwach«, flüsterte er.
Stunde um Stunde kniete Pastor Johnson betend am Bett.
Einige Gemeindeglieder kamen dazu und gemeinsam rie-

fen sie Jesus um Hilfe an. Und das Wunder geschah. Jesus zeigte seine Macht. Am Morgen, nach einer durchwachten und durchbeteten Nacht, war Ganesh gesund. Keine Wunden mehr, auch die Brüche waren geheilt.

Die Menschen im Dorf waren tief beeindruckt. »Der Gott Jesus ist stark«, sagten sie. Ganesh und seine Familie kamen ab jetzt zu den Gottesdiensten der Christen. Sein ältester Sohn Hiranu war gerade sechzehn geworden. Kurze Zeit nach der Wunderheilung von Ganesh wurde Hiranu schwer krank. Er bekam hohes Fieber, die gefürchtete Kopfmalaria. »Das ist die Strafe der Götter. Jetzt zeigen sie ihre Macht. Du musst ihnen Opfer bringen und sie besänftigen«, so drangen sie auf Ganesh ein. In seiner großen Angst um den Jungen folgte Ganesh dem Drängen der Großfamilie. Wieder kamen der Medizinmann und der Dorfzauberer. Ganesh opferte sieben Ziegen. Medizinmann und Zauberer boten ihre ganze Kunst auf. Aber es wirkte nichts. Hiranu starb nach nicht einmal vierundzwanzig Stunden. Ganesh war ein gebrochener Mann.

Pastor Johnson war in dieser Zeit auf Reisen gewesen und erfuhr erst bei seiner Rückkunft, was geschehen war. Er besuchte Ganesh. Verzweifelt und tief traurig saß der vor seiner Hütte. Die Trostworte von Johnson erreichten ihn kaum. »Ich habe den Gott Jesus verraten und auch unsere Götter zornig gemacht. Deshalb hat mich Jesus gestraft und unsere Götter werden mich mit ihrem Zorn verfolgen«, so sagte er mit tränenerstickter Stimme. Johnson konnte nur dabeisitzen. »Jesus straft dich nicht. Er ist ein Gott, der liebt«, betonte er. Aber Ganesh schüttelte nur den Kopf. »Ich kann so nicht mehr leben. Die Rache der Götter wird mich verfolgen«, war er überzeugt.

Schließlich verabschiedete sich Pastor Johnson. Auf sein eindringliches Bitten hin versprach Ganesh, am nächsten

Sonntag in den Gottesdienst zu kommen. Pastor Johson bat einige Gemeindeglieder besonders für Ganesh und seine Familie zu beten. Ganesh kam am Sonntag in die Kirche, aber was niemand wusste – er hatte eine kleine Flasche mit Gift dabei. Er wollte sich umbringen. Das sollte in dem Gottesdienst geschehen. Er dachte, so könnte er wenigstens den Gott Jesus besänftigen, dass er seiner Familie weiter beistehe. Er selbst wollte das Opfer sein, das Jesus und die anderen Götter befriedete.

Bischof Singh tauft im Fluss.

Pastor Johnson predigte über den alten Simeon aus Lukas, Kapitel 2. Wie er dem Jesuskind im Tempel begegnete und Gott lobte, dass er endlich den Retter geschickt hatte. Lukas berichtet ja, dass Simeon auf den »Trost« Israels wartete. Dieses Wort Trost betonte Johnson immer wieder. »Trost, das heißt Ermutigung, Mut zum Leben, Mut auch in schweren Strecken, Mut zum Vertrauen auf die Liebe Jesu, auch wenn wir vieles oft nicht verstehen«, predigte er. Und das erreichte das Herz von Ganesh. Weinend kam er nach dem Gottesdienst und gab Pastor Johnson die Giftflasche. »Du hast mein Herz durchstoßen, es ganz neu zum Schlagen gebracht. Ich will wieder leben. Mit Mut zum Leben lernen, Jesus zu vertrauen.« Dankbar verabschiedete er sich. Er wurde ein treues Glied der Gemeinde. An Ostern 2009 ließ er sich taufen.

Die Zwillingskirche

Pastor David besuchte schon einige Monate das Dorf Sitanagar, in der Nähe der Großstadt Vishakapatnam. In dieser Stadt liegt unser Missionszentrum, in dem Pastor David mitarbeitet. Doch ist er auch brennend für die evangelistische Arbeit und die Gründung neuer Gemeinden. Die Leute in Sitanagar sind fast alle überzeugte Hindus und begegneten Pastor David mit Ablehnung. Sie ließen ihn aber gewähren, denn er kümmerte sich besonders um die Kinder. Es gab im Dorf zwar eine Schule, aber seit langer Zeit war kein Lehrer mehr da. David gab den Kindern dreimal in der Woche nachmittags Unterricht. Er hoffte, so auch Zugang zu den Erwachsenen zu finden. So lernten sie wenigstens Lesen, Schreiben und Rechnen und zu essen bekamen sie auch. Er erzählte ihnen biblische Geschichten und übte mit ihnen christliche Lieder.

Wer tüchtig lernt, soll auch tüchtig essen.

Für seine Aufenthalte in Sitanagar suchte David eine Unterkunft. Er musste immer wieder übernachten, wenn es spät wurde. Die fünfzig Kilometer nach Vizag waren doch weit. Prakash und seine Frau Ranchi vermieteten ihm ein kleines Zimmer. Sie waren sehr angesehene Leute im Dorf und lebten in einem Steinhaus. Davon gab es nur fünf im Dorf. Die anderen Dorfbewohner lebten in Hütten. Prakash war Sprecher des Dorfrates und sein Wort hatte Gewicht. Dass er Pastor David bei sich wohnen ließ, war für den ein gewisser Schutz. Prakash und Ranchi waren schon vier Jahre verheiratet, hatten aber keine Kinder. Beide litten sie sehr darunter und auch im Dorf wurde darüber geredet. »Die Götter sind gegen sie. Sie sind gestraft«, murmelten manche. In ihrer Not waren die beiden zu einem berühmten Tempel gereist, der dem Fruchtbarkeitsgott geweiht war. Sie hatten viele Opfer gebracht und die Priester hatten viele Gebete über ihnen gesprochen. Aber es half alles nichts.

Pastor David erfuhr von ihrer Situation und bot ihnen an: »Ich würde gern für euch beten. Jesus hat Kraft und wir dürfen mit allen Anliegen zu ihm kommen.« Erst zögerten beide, aber dann stimmten sie zu. »Unsere Götter können oder wollen nicht helfen. Vielleicht hat ja dein Gott Jesus wirklich Kraft«, noch waren sie nicht überzeugt. Jedes Mal, wenn David kam, betete er mit dem Ehepaar, vier Wochen lang. Und Ranchi wurde schwanger. Die beiden waren überglücklich und bekannten auch vor den Leuten: »Der Gott Jesus hat Macht. Die Gebete Pastor Davids haben geholfen.« Im Dorf war man beeindruckt und viele fragten nach Jesus. Es sammelte sich eine kleine Anzahl Interessierter und Pastor David hielt nun jede Woche einen Gottesdienst. Das Evangelium von der Liebe Gottes fand Eingang in Sitanagar.

Die Schwangerschaft verlief ohne Schwierigkeiten. Die Vorfreude des Ehepaares wurde noch größer, als sich herausstellte, dass Ranchi Zwillinge erwartete. Das gilt in Indien als besonderes Glück. Es kam die Geburt. Drei erfahrene Frauen aus dem Dorf standen Ranchi bei. Doch es kam zu großen Schwierigkeiten. Die Kinder lagen sehr ungünstig und die Presswehen erschöpften Ranchi immer mehr. Ihre Schreie gellten durchs Haus und drangen auch nach außen. Mehr als zwanzig Stunden vergingen. Endlich wurden die Kinder geboren. Aber Ranchi war am Ende der Kräfte, hatte auch viel Blut verloren. »Sie wird das nicht überleben«, flüsterten die Frauen. Auch die Zwillinge, zwei Jungen, waren schwer mitgenommen. Sie atmeten nur schwach und auch bei ihnen war es fraglich, ob sie überlebten. Prakash, der Vater, war verzweifelt. In höchster Eile ließ er aus Vizag einen Arzt holen. Doch der sah sehr bedenklich drein. »Ich weiß nicht, ob ich da noch helfen kann.« Ich hätte früher dabei sein sollen, aber so ...« Er bemühte sich, aber Ranchi und die Zwillinge wurden immer schwächer. »Das ist die Strafe der Götter. Sie lassen nicht zu, dass der fremde Gott Jesus angebetet wird«, waren die Dorfleute überzeugt.

Am späten Nachmittag kam Pastor David. Er erkannte die Situation und trat ans Bett von Ranchi. »Vertraue Jesus. Er wird helfen«, sagte er mit großem Glaubensmut und kniete nieder zum Gebet. Der Arzt, die Frauen und der Vater schauten zu, die Hoffnungslosigkeit spiegelte sich in ihren Gesichtern. Mehr als vier Stunden kniete David in tiefem, ringendem Gebet. Und Jesus handelte. Ranchi erholte sich zusehends. Sie konnte sich sogar aufsetzen und die Zwillinge in den Arm nehmen. Auch denen ging es sichtbar besser. Sie atmeten kräftig und ihr lautes Schreien zeigte ihre Lebenskraft.

Für die Dorfbewohner war das ein beeindruckendes Erleben der Kraft und Wirklichkeit Jesu Christi. Immer mehr hielten sich zur christlichen Gemeinde. Prakash und Ranchi stellten ein Grundstück zur Verfügung und gaben auch die Mittel zum Bau einer kleinen Kirche. Eine Bedingung knüpften sie allerdings daran: »Die Kirche soll zwei Türme haben«, baten sie, »sie sollen immer an die Hilfe Jesu erinnern.« Seither nennen die Menschen in Sitanagar die Kirche nur die Zwillingskirche.

Nichts kann uns scheiden von der Liebe Gottes

Pastor Shankar sammelte in Gerngada, einem Dorf im Silerdschungel, eine christliche Gemeinde. Zuerst eröffnete er eine Tagesschule für die Kinder. Bis dahin gab es im Dorf keine Möglichkeit zu lernen. Die Eltern waren hocherfreut, dass ihre Kinder jetzt zur Schule gehen konnten. Die Kinder wiederum brachten das, was sie gelernt hatten, den Eltern bei. Nach zwei Jahren konnten fast alle in Gerngada lesen, schreiben und rechnen. Nun konnten die Dorfbewohner nicht mehr so leicht betrogen werden, wenn sie ihre Erzeugnisse einmal in der Woche auf dem Markt im Zentraldorf verkauften. Ihre Lebensumstände wurden spürbar besser.

Zu den Gottesdiensten kam auch immer wieder Suraja mit ihrem Sohn Raju. Nach dem Tod ihres Mannes lebte sie allein mit Raju. Sie hatten ein kleines Stück Feld, von dem sie sich mehr schlecht als recht ernähren konnten. Außerdem war Raju ein geschickter Jäger mit Pfeil und Bogen. Manches erlegte Wildschwein besserte ihr Einkommen auf.

Eines Tages kam es zu einem heftigen Streit mit dem Nachbarn. Dieser, ein einflussreicher Mann im Dorf, beanspruchte die Hälfte des Feldes von Suraja für sich. Er berief sich auf mündliche Absprachen mit ihrem verstorbenen Mann. Die Sache kam vor das Dorfgericht. Raju war noch zu jung, um wirklich gehört zu werden. Die Entscheidung wurde zunächst vertagt. Der Nachbar ging zum Dorfzauberer. Er bezahlte ihm viel, damit er Suraja mit einem Fluch belegte. Sie würde dann, so seine Rechnung, wenn sie krank würde, ihm das geforderte Land zu einem billigen Preis geben

Im Dschungelgebiet ist das Fahrrad oft das wichtigste Transportmittel.

müssen. Der Fluch wirkte. Suraja bekam hohes Fieber und wurde von Tag zu Tag schwächer. Kein Heilmittel – und Raju probiertes alles aus – konnte ihr helfen. Die beiden sahen nur noch einen Weg. Sie baten Pastor Shankar zu kommen. »Wahrscheinlich hat der Zauberer einen Fluch gegen meine Mutter ausgesprochen auf Verlangen unseres Nachbarn«, berichtete Raju dem Pastor. Er wusste es nicht genau, aber so sagten auch die Leute im Dorf.

Pastor Shankar sah die Not. »Jesus ist stärker als alle Zauberer und Mächte. Wir wollen ihm vertrauen und seine Hilfe und Kraft anrufen«, ermutigte er. Er rief noch drei Gemeindeälteste und die vier begannen in der Hütte Surajas zu beten. Einen Tag und eine Nacht. Aber Surajas Zustand besserte sich nicht. Da begannen sie bewusst zu fasten, nach dem Wort Jesu: »Diese Art fährt nicht aus, denn durch Beten und Fasten.« Weitere drei Tage dauerte das Ringen. Die Leute im Dorf verfolgten diesen Kampf zwischen dem Zauberer und Jesus mit höchster Aufmerksamkeit. Am fünften Tag war der Fluch gebrochen. Suraja konnte aufstehen und trat aus ihrer Hütte. Sie war gesund. Die Menschen waren tief beeindruckt und viele fragten nach dem Gott Jesus. Die christliche Gemeinde wuchs und der Dorfzauberer büßte viel von seiner Autorität ein.

Suraja und Raju ließen sich taufen und wurden zu Stützen der Gemeinde. Pastor Shankar war ein evangelistisch ausgerichteter Christ. Es gab noch so viele Dörfer im

Dschungel, in denen noch nie der Name Jesu verkündigt wurde. Deshalb war er immer wieder unterwegs in solche unerreichten Dörfer. Bald wurde Raju sein treuer und hilfreicher Begleiter. So kamen sie auch nach Supalla, einem Dorf, dreißig Kilometer weit im Dschungel und nur zu Fuß erreichbar. Dieses Dorf, eben weil es so abgelegen war, hatten kommunistische Terroristen, die sogenannten Naxalites zu ihrer Basis gemacht. Diese Leute kämpfen gegen die Regierung für die Rechte der Armen und Kastenlosen. Im Grunde ein sehr gutes Anliegen. Aber sie gehen oft mit solcher Grausamkeit vor, dass die Christen sie nie und nimmer unterstützen können. So kommt es immer wieder zu schweren Spannungen zwischen den Naxalites und den christlichen Gemeinden, bis hin zu direkten Angriffen, ja Tötungen von Pastoren und Gemeindegliedern.

Die Terroristen nahmen Pastor Shankar und Raju gefangen, schlugen und verhörten sie brutal. »Ihr seid Polizeispitzel und sollt unser Hauptquartier verraten«, warfen sie den beiden vor. »Nein, wir sind keine Spione. Wir wollen hier im Dorf von Jesus reden. Wir sind Christen und wollen, dass alle Menschen von der Liebe Gottes erfahren.« Das machte die Terroristen nur noch zorniger. »Hört auf mit eurem Gott Jesus. Der kämpft nicht. Er ist ein Schwächling und ihr Christen alle auch.« Sie berieten, was sie mit den beiden machen sollten. Selbst Mord war nicht ausgeschlossen. Shankar und Raju wurden in einen Stall gesperrt und ein Terrorist mit geladener Waffe bewachte sie.

Sicher, beide hatten Angst. Auch Christen sind keine Helden. Aber Pastor Shankar schlug seine Bibel auf und dann las er mit lauter Stimme die mutmachenden Verse aus Römer, Kapitel 8, Verse 31-39. »Ist Gott für uns, wer kann wider uns sein?...« Und: »Ich bin gewiss, dass weder Tod noch Leben ... uns scheiden kann von der Liebe Gottes ...«

Pastor Abraham, der Musikleiter der Nethanja-Kirche, hatte dazu ein Lied geschrieben, vergleichbar unserem Gesangbuchlied: »Ich steh in meines Herren Hand.« Das sangen die beiden ebenfalls mit lauter Stimme. Die Terroristen waren von solchem Freimut tief beeindruckt und ließen die beiden gehen, nicht ohne sie vorher noch einmal streng verwarnt zu haben: »Wenn in den nächsten Tagen hier Polizei auftaucht, dann seid ihr dran. Wir werden euch finden und töten«, drohten sie.

Eine Woche später, in der Nacht, klopfte es an Pastor Shankars Hütte. Erschrocken öffnete er vorsichtig. Draußen stand der Terrorist, der sie bewacht hatte: »Ich heiße Puka. Euer Mut hat mich sehr beschäftigt. Ich möchte mehr von diesem Gott Jesus wissen.« Pastor Shankar nahm Puka bei sich auf und erzählte ihm die biblischen Geschichten. Puka öffnete sich für Jesus. Nach einem halben Jahr ließ er sich taufen. Er besucht heute eine Bibelschule, hat der Gewalt endgültig abgesagt und will in Zukunft das Evangelium von der Liebe Gottes weitertragen.

Mein Guru heißt Jesus

Pastor Promot leitet seit zwei Jahren die kleine christliche Gemeinde in Rugada, einem Dorf in Orissa. Die Gemeinde leidet sehr unter den Anfeindungen des Dorfpriesters Bangara. Er ist ein radikaler Hindu und setzt alles daran, den Christen zu schaden. Schon einige Male hat er die anderen Dorfbewohner aufgehetzt. Sie haben die Gottesdienste gestört und sogar mit Knüppeln Pastor Promot blutig geschlagen. »Wir brauchen keinen fremden Gott in unserem Dorf. Unsere Götter sind zornig. Sie werden uns strafen«, so verkündet Bangara immer wieder. Er ist ein Anhänger des hoch angesehenen Gurus Swami Laxmananda Saraswati, der in der ganzen Gegend Hass gegen die Christen predigt.

In Rugada lebt auch Savara, eine hoch angesehene Frau, die über besondere Heilkräfte verfügte. Die Menschen kamen mit ihren Beschwerden zu ihr und sie hatte schon vielen geholfen. Nun aber wurde sie selbst krank, schwer krank. Sie hatte hohes Fieber, heftige Bauchschmerzen und wurde immer schwächer. Sie konnte sich nicht selbst helfen, welche Mittel sie auch ausprobierte. Sie ließ den Priester Bangara holen. Er sollte die Krankheitsdämonen vertreiben. Sie lag kraftlos in ihrer Hütte. Bangara vollzog seine Beschwörungsriten. Er opferte am Bett der Kranken drei Hühner und besprengte den Fußboden und das Bett mit dem Blut. Alles half nichts. Er opferte eine Ziege, aber auch deren Blut brachte keine Besserung. »Die Götter nehmen das Opfer nicht an. Ich kann dir nicht helfen«, sagte er zu der Schwerkranken. Sie hatte keine Hoffnung mehr auf Heilung.

Pastor Promot hörte von ihrer Lage und besuchte sie. Zuerst wehrte sie heftig ab. »Dein Gott Jesus bringt uns

Unglück. Geh weg aus meiner Hütte«, flüsterte Savara. Doch Pastor Promot blieb beharrlich: »Jesus bringt nie Unglück. Er ist der Gott der Liebe. Er will helfen und kann dich heilen«, versicherte er ihr, »ich will für dich beten und er wird hören«, sein Glaubensmut beeindruckte die Kranke. Sie erlaubte ihm, dass er für sie zu seinem Gott Jesus betete. Pastor Promot kniete an ihrem Bett nieder und rief zu Jesus. Doch es legte sich wie ein großer Druck auf ihn. Er konnte kaum atmen und beten. Er spürte, dass hier dämonische Mächte am Werk waren. Allein konnte er in diesem Kampf nicht bestehen, merkte er. Er holte noch drei Gemeindeälteste. Zusammen beteten und fasteten sie.

Im Dorf blieb das nicht unbemerkt. Besonders der Dorfpriester Bangara schnaubte vor Wut. »Unsere Götter werden sie vernichten. Dann ist es mit ihrem Jesus endgültig vorbei.« Drei Tage lang beteten und fasteten die Christen in der Hütte Savaras. Sie erlebten dabei die Macht der bösen Geister. Laute Stimmen fluchten immer wieder aus dem Mund der Kranken. Sie wurde schlimm durchgeschüttelt und fiel in tiefe Ohnmacht. Doch dann ging der Kampf zu Ende. Jesus war Sieger. Savara schlug die Augen auf. Fieber und Schmerzen waren weg. Sie war gesund geworden.

Pastor Promot dankte mit ihr. Dann aber sagte er: »Deine Hütte ist mit dem vielen Opferblut verunreinigt. Wir wollen den Geistern keine Rückkehr erlauben. Deshalb tun wir alles Blut weg.« Zusammen mit ihr und den drei Gemeindeältesten reinigten sie die ganze Wohnung. Da erschien der Dorfpriester. Er war in großem Zorn und hatte ein langes Buschmesser in der Hand. Er drang in wilder Wut auf Pastor Promot ein. Der stand nur da und betete, wie auch die drei anderen Christen. Viele Dorfbewohner beobachteten die Szene. Unvermittelt stoppte der Priester, wie von unsichtbarer Hand zurückgehalten. Er schrie mit lauter

Stimme: »Wir hier im Dorf vertrauen unseren Göttern! Wir folgen dabei dem großen Guru Laschiwaswami! Welchem Guru folgst du?« Pastor Promot antwortete mit ruhiger Stimme: »Wir kämpfen nicht gegen euch. Ich, wir, folgen dem Guru Jesus. Er ist unser Lehrer und er befiehlt uns die Liebe zu allen Menschen. Er will niemandem schaden, sondern helfen und heilen. Durch seine Kraft und Liebe ist Savara gesund geworden. Ich lade euch alle zu dem Guru Jesus ein.« Das machte großen Eindruck auf die Menschen, die zusahen und zuhörten.

In Rugada erfolgte ein Aufbruch. Der Einfluss des Priesters ist im Schwinden. Savara ließ sich an Ostern 2009 taufen. Die christliche Gemeinde ist auf das Doppelte gewachsen.

Die brennende Mauer

Die große christliche Gemeinde in Gudem, dem Hauptort im unteren Siler Dschungel hat ein großes Herz für missionarische Arbeit. Viele Dörfer im Umkreis von etwa hundert Kilometern sind noch nie vom Evangelium erreicht worden. So unterstützt die Gemeinde zehn Evangelisten, die solche Dörfer besuchen. Einer von ihnen ist Janta Rao. Er ist fünfundzwanzig und hat die Bibelschule der Nethanja-Kirche in Vizag besucht. Seit einem Jahr kommt er immer wieder nach Makudalam, einem Dorf, etwa zwanzig Kilometer tief im Dschungel und nur auf Buschpfaden zu erreichen. Dort leben etwa dreihundert Leute. Sie gehören zum Affenstamm und beten auch Affen als Götter an. Die Menschen in Makudalam sind bettelarm. Die Männer gehen auf die Jagd, aber das Wild ist durch die Erschließung des Dschungels seltener geworden. Die Frauen und Kinder ringen in mühsamer Arbeit dem kargen Boden etwas Gemüse, Getreide oder Reis ab. Es ist ein hartes Leben in Makudalam. Die Erwachsenen flüchten sich in den Rausch. Der starke Palmwein und Drogenpflanzen aus dem Dschungel bestimmen das tägliche Leben. Selbst viele Kinder sind oft berauscht.

Die Bewohner von Makudalam begegneten Janta Rao mit großem Misstrauen. Er sah die elende Situation im Dorf und sammelte zuerst die Kinder. Es gab weit und breit keine Schule und so brachte er ihnen Lesen, Schreiben und Rechnen bei. Sie wiederum gaben viel von dem Gelernten an ihre Eltern weiter. Die Kinder bekamen jeden Tag eine warme Mahlzeit, die Janta Rao selbst für sie kochte. Den Reis und das Gemüse transportierte er mühsam auf seinem Fahrrad über die holprigen Dschungelpfade heran. Auch für die Erwachsenen brachte er Neues. Janta Rao hatte neben der Bibelschule auch einen landwirtschaftlichen Grundkurs gemacht. Nun brachte er Sämlinge für neues Gemüse nach Makudalam und unterwies die Frauen in erfolgreichen Anbaumethoden. Für die Männer hatte Janta Rao einige Töpferscheiben dabei. Der Boden um das Dorf war tonhaltig und sehr geeignet für Töpferarbeit. Einige Männer erlernten das Töpferhandwerk und entwickelten eine erstaunliche Kunstfertigkeit. Die Erzeugnisse konnten für gutes Geld auf den umliegenden Märkten verkauft werden. So gewann Janta Rao das Dorf für sich. Am Abend saß er oft mit am Dorffeuer und dann erzählte er von Jesus.

In Makudalam wuchs eine christliche Gemeinde und Janta Rao hielt regelmäßig Gottesdienste. Dort im Dschungel bei Makudalam gab es auch die Befehlszentrale einer Gruppe von Naxalites, das sind kommunistische Rebellen, die mit terroristischen Aktionen die Regierung bekämpfen. Sie setzen sich für die Rechte der Stammesleute und der Kastenlosen ein. Eigentlich ein gutes Ziel, aber sie verfolgten das mit solcher Grausamkeit, dass Christen das auf keinen Fall unterstützen können. Selbstverständlich blieb ihnen nicht verborgen, wie Janta Rao in Makudalam arbeitete. Sie sahen auch, wie sich die Verhältnisse zum Besseren wendeten und begrüßten das. Mehrmals traf ihn ihr Anführer Jantze Rao und lobte seine soziale Arbeit, aber er warnte ihn auch: »Hör auf, von diesem Gott Jesus zu reden. Wir dulden keine Christen hier. Wer diesem Gott folgt, der kämpft nicht mehr. Seit Monaten haben wir keine Unterstützung mehr aus dem Dorf. Wir werden das nicht dulden.«

Aber Janta Rao ließ sich nicht einschüchtern. Inzwischen kamen mehr als hundertfünfzig Bewohner zu den Gottesdiensten. An Ostern 2009 baten siebzig Gemeindeglieder um die Taufe. Sie wollten bewusst als Christen leben. Evangelist Janta Rao sprach mit Dekan Prasad aus Gudem und der war bereit, die Taufen zu halten. Am Ostersamstag kam er mit zwei Pastoren nach Makudalam. Der Taufgottesdienst war am frühen Ostersonntag an einem kleinen See in der Nähe. Das ganze Dorf war versammelt und sah zu. Dann, der Gottesdienst war gerade zu Ende, entstand eine große Unruhe. Eine Gruppe Naxalites, schwer bewaffnet, näherte sich. Mit schussbereiten Gewehren riefen sie: »Gebt uns die Pastoren heraus. Wir werden sie töten.« Tief erschrocken wich die Menge zurück. Aber die Getauften bildeten einen lebenden Schutzwall um Dekan Prasad und die Pastoren. Drei traten mutig vor und sagten: »Nehmt uns. Wir lassen nicht zu, dass den Pastoren etwas geschieht. Die Christen haben so viel Gutes für unser Dorf getan. Ihr zerstört und tötet nur immer. Der Gott Jesus bringt uns die Liebe. Ihr aber predigt Hass.« Das war ein mutiges Bekenntnis. Doch die Kräfteverhältnisse waren klar. Hier die wehrlosen Christen und dagegen die Gewehre der Terroristen. Sie machten Anstalten anzugreifen. Doch plötzlich blieben sie wie angewurzelt stehen. Man sah den Schrecken in ihren Augen und dann zogen die Terroristen fluchtartig ab. Das Tauffest konnte ungestört weitergehen.

Einige Tage später traf Janta Rao den Anführer der Naxalites auf seinem Weg durch den Dschungel. Der sprach ihn mit großem Respekt an: »Ihr Christen steht unter einem starken Schutz«, sagte er. »Als wir angreifen wollten, war plötzlich um euch herum eine feurige Mauer. Ich habe so etwas noch nie erlebt. Deshalb bekamen wir Furcht und sind abgezogen.« Janta Rao war tief bewegt. Jesus hatte seine Macht gezeigt. Er erzählte das Geschehen der Gemeinde. Sie selbst hatten diese feurige Mauer nicht gesehen, aber alle lobten Gott und Jesus für diese wunderbare Hilfe und Bewahrung. Die Naxalites machten in Zukunft einen Bogen um Makudalam und ließen die Christen dort in Frieden. Untereinander nannten sie Makudalam nur das Feuerdorf.

Ein Toter kommt wieder

Die christliche Gemeinde in Arruku besteht schon seit mehr als zwanzig Jahren. In dieser Zeit hat sie über dreißig sogenannte Tochtergemeinden gegründet. Sie hat junge Evangelisten unterstützt, die in Dörfern, tief im Dschungel christliche Gemeinden begonnen haben. Prabudas ist ein solcher Evangelist. Seit einigen Monaten hatte er besonders das Dorf Dilapallem im Blick. Auf einer seiner Reisen auf abgelegenen Dschungelpfaden ist er auf dieses Dorf gestoßen. Die Bewohner dort leben fast völlig isoliert von der Außenwelt. Nur selten kommen sie auf den Markt im Hauptort, etwa fünfundzwanzig Kilometer entfernt. Sie haben einen Dorfgott, den sie Gangama nennen. Sein Bild steht in der Dorfmitte, halb Krokodil, halb Mensch. Ihm bringen die Menschen jeden Tag Opfer, Reis, Früchte und Gemüse und einmal in der Woche ein blutiges Tieropfer. Er soll das Dorf beschützen und auch die Fruchtbarkeit der Felder sichern. Sangur ist Priester dieses Gottes und hat deshalb großen Einfluss im Dorf.

Prabudas informierte sich bei seinem ersten Besuch in Dilapallem. Trotz ihres Schutzgottes lebten die Menschen in großer Armut und in ständiger Angst vor dem Zorn ihres Gottes, wenn sie nicht genügend Opfer brachten. Nur der Priester Sangur wurde wohlhabend dabei, denn er nahm die Opfergaben für sich. Es herrschte eine bedrückende Atmosphäre in Dilapallem. Prabudas beschloss, wiederzukommen. Er fragte einige junge Christen in Arruku und sie waren bereit, mit ihm nach Dilapallem zu gehen. Am späten Nachmittag kam die Gruppe ins Dorf. Sie versammelten sich auf dem Dorfplatz und sangen einige christliche Lieder, begleitet von Trommeln, Rasseln, einem Handharmonium und anderen indischen Musikinstrumenten. Die Dörfler hörten interessiert zu und dann begann Prabudas zu predigen und von Jesus zu erzählen. Der Priester Sangur wurde wütend und zornig. »Sie bringen einen anderen Gott«, schrie er, »das bringt Unglück über unser Dorf! Gangama wird uns alle strafen!« Immer mehr hetzte er die Menschen auf. Sie steigerten sich in ihren Zorn hinein und griffen die Gruppe der Christen an. Die Menge entriss ihnen die Musikinstrumente und zerstörte sie. Dann prügelten sie mit Stöcken auf sie ein und vertrieben sie aus dem Dorf. »Kommt ja nie wieder. Wir wollen keinen andern Gott. Wir werden euch töten, wenn ihr nicht abhaut.«

Prabudas und seine Gefährten flohen. Doch sie gaben nicht auf. Nach drei Tagen kam die ganze Gruppe, noch einige Christen hatten sich ihnen angeschlossen, wieder nach Dilapallem. Allerdings betraten sie das Dorf nicht. Sie blieben in etwa einem Kilometer Entfernung auf einem Hügel, von dem aus sie das Dorf sehen konnten. Sie hatten beschlossen, Dilapallem zu umbeten. Die Dörfler wussten nichts von ihrer Anwesenheit. Prabudas und seine Gruppe bauten sich einfache Hütten aus Zweigen. Und sie beteten. Einen Tag, zwei Tage ... Sie beteten mit großem Glaubensmut.

Im Dorf herrschte große Bestürzung. Der Priester Sangur hatte sich beim Holzhacken mit der Axt schwer verletzt. Er hatte eine tiefe Wunde im Oberschenkel und verlor viel Blut. Alle Versuche, ihm zu helfen nutzten nichts. Er war zum Tod verurteilt. Er wusste das auch und wehrte sich nicht, als ihn drei Männer aus seiner Hütte trugen. Sie brachten ihn aus dem Dorf und ließen ihn im Dschungel zum Sterben liegen. So war es seit Generationen Brauch in Dilapallem. Die Geister der Toten sollten dem Dorf nicht schaden. Die Christen beobachteten aus ihrem Versteck, was geschah. Als die Träger weg waren, näherten sie sich dem sterbenden Sangur. Prabudas hatte auf der Bibelschule einige medizinische Hilfskurse gehabt. Er band das verletzte Bein ab. Dann legten sie den ohnmächtigen Priester auf eine schnell gezimmerte Bahre und nahmen ihn mit. Ohne richtige medizinische Hilfe würde er sicherlich sterben. Nach anstrengendem sechsstündigem Fußmarsch lieferten sie ihn ins Krankenhaus in Arruku ein. Und tatsächlich, der dortige Arzt konnte Sangurs Leben retten.

Nach zwei Wochen konnte er entlassen werden. Aber Sangur war noch sehr schwach. Prabudas nahm ihn auf und die Christen umsorgten und pflegten ihn. Während dieser Zeit fanden immer wieder Gottesdienste, Gebets- und Bibelstunden im Haus von Prabudas statt. Der Priester Sangur in seinem Bett hörte viele Predigten. Er wurde aber nicht bedrängt. Doch allein durch dieses Hören schloss er sein Herz auf für das Evangelium. Es kam zu vielen Gesprächen mit Prabudas und anderen Christen. So lernte Sangur Jesus kennen. Nach sechs Wochen war er ganz gesund geworden. »Ich will nach Dilapallem zurück«, bat er Prabudas, »komm bitte mit, du bist mir Freund geworden und sollst im Dorf auch von Jesus erzählen.«

Als die beiden nach Dilapallem kamen, waren die Dorfbewohner zuerst von Schrecken erfüllt. Sie hatten Sangur nicht mehr im Dschungel gefunden und dachten, die wilden Tiere hätten ihn gefressen, wie schon viele Tote vorher. »Es ist ein Geist!«, schrieen viele deshalb, als sie ihn sahen und flohen. Sangur musste sie beruhigen: »Ich bin kein Geist. Die Christen haben mir geholfen und mich gesund gepflegt.« Langsam beruhigten sich die Menschen und staunten. Sangur hatte sich völlig verändert. Aus dem gefürchteten Priester und Feind der Christen war ein Freund der Christen geworden. Prabudas und seine ganze Gruppe durften immer wieder nach Dilapallem kommen. Heute gibt es im Dorf eine kleine christliche Gemeinde. Sangur ließ sich im September 2009 taufen und leitet die Gemeinde.

Die Bibel, die nicht brannte

Werktags ist hier Schule, sonntags Gottesdienst.

Die christliche Gemeinde in Gudem, dem Hauptort im unteren Silerdschungel hat schon viele weitere Tochtergemeinden gegründet. Dazu unterstützt sie junge Evangelisten, die nach ihrer Bibelschulzeit für diese Neugründungen bereit sind. Dazu gehört auch Jaioka. Er kam vor einigen Monaten in das Dorf Virapura. Etwa dreißig Kilometer tief im Dschungel, nur auf Fußpfaden zu erreichen, leben dort etwa zweihundert Menschen. Sie gehören zum Affenstamm, so genannt, weil sie Affen als Gottheiten verehren. Noch nie war in ihrem Dorf von Jesus geredet worden. Sie lebten ganz abgeschieden und nur selten kamen sie in Berührung mit der Außenwelt.

Zuerst begegneten die Bewohner Jaioka mit großem Misstrauen. Aber er gewann langsam Zugang zu ihnen, denn er kümmerte sich intensiv um die Kinder. Es gab keine Schule in Virapura. Jaioka richtete mit Zustimmung des Häuptlings eine Schule für die Kinder ein. Zuerst unterrichtete er sie unter einem Baum, später in einer einfachen Palmblätterhütte. Ganz einfach begann der Unterricht: Es gab weder Bücher noch Hefte oder Sonstiges. So schrieb Jaioka die Buchstaben und die Zahlen in den Sand auf den Boden und die Kinder schrieben es mit Stöckchen ebenfalls im Sand nach. Später brachte Jaioka Schiefertafeln, Kreide und einfache Schaubilder mit. Die Christen in Gudem hatten dafür Geld gesammelt. Jetzt verlief der Unterricht schon geordneter. Auch die Erwachsenen profitierten von der Schule, denn die Kinder gaben oft zu Hause den Eltern weiter, was sie gelernt hatten.

Wieder einmal war Jaioka nach Virapura unterwegs. Da hörte er plötzlich ein Stöhnen. Er erschrak und wollte schnell weitergehen. Aber dann ging er den Lauten nach. Er sah einen Mann kopfüber an einem Baum hängen. Er hatte sich in einer Schlinge gefangen, die Jäger für Wildschweine vorbereitet hatten und konnte sich nicht selber befreien. Jaioka schnitt ihn vorsichtig ab. Der Mann war glücklicherweise nicht verletzt, nur schwach. Er hatte, so erzählte er, mehr als eine Stunde so gehangen. Jaioka gab ihm zu trinken. Der Mann bedankte sich, stellte sich aber nicht vor. Dann verschwand er im Dschungel. Jaioka sah noch, wie er ein Gewehr, das in den Büschen lag, ergriff. Es war offensichtlich ein Naxalite, dem er da geholfen hatte. Gerade dort, im dichten Dschungel, haben diese Naxalites, kommunistische Terroristen, ihr Rückzugsgebiet. Sie kämpfen für die Rechte der Stammesleute und der Kastenlosen gegen die Regierung. Eigentlich ein gutes Anliegen.

Aber sie tun das mit solcher Grausamkeit und Gewalt, dass die Christen sie nicht unterstützen können.

Jaioka hatte diese Begegnung schon fast vergessen. Doch nach einigen Wochen kam an einem Abend ein Trupp Terroristen nach Virapura. Ihr Anführer war eben dieser Mann, dem Jaioka geholfen hatte. Jetzt nannte er auch seinen Namen, nämlich Karun. Er sprach Jaioka direkt an: »Wir beobachten schon längere Zeit, was du hier tust. Das ist eine gute Sache und hilft«, lobte er ihn. »Aber höre auf, von diesem Gott Jesus zu reden.« Inzwischen hatte Jaioka nämlich angefangen, am Abend zu predigen und die Leute hörten sogar zu. »Wer diesem Gott Jesus folgt, der wird feige und kämpft nicht mehr«, fuhr Karun fort. »Du verdirbst die jungen Leute und statt Waffen tragen sie Bibeln.« »Die Bibel ist auch eine Waffe«, entgegnete Jaioka unerschrocken, »nur, diese Waffe tötet nicht, sondern leitet an zu Liebe und zum Frieden.« Karun wurde zornig. »Mit Liebe kann man das Unrecht nicht bekämpfen«, schrie er, »die Unterdrücker müssen weg. Da hilft nur Gewalt.« Doch Jaioka gab nicht nach. »Gewalt erzeugt immer Gegengewalt und das Unrecht wird nur noch größer. Unser Jesus sagt: »Vergeltet nicht Böses mit Bösem, sonder liebet eure Feinde.« Das machte Karun nur noch wütender. Er befahl seinen Gefährten einen Haufen aus Gras und dürrem Reisig aufzuschichten. »Jetzt werde ich deine Waffe verbrennen und wenn du nicht aufhörst zu predigen, auch dich töten«, drohte er. Er entriss Jaioka die Bibel und warf sie auf den Reisighaufen. Dann zündete er den Haufen an. Die Leute sahen gebannt zu. Die Bibel hatte sich etwa in der Mitte geöffnet. Die Flammen schossen empor. Aber die Bibel brannte nicht. Völlig entgeistert starrten Karun und die Umstehenden auf das, was da geschah. Das Feuer loderte hell auf, aber die Bibel brannte nicht.

Schließlich blieb ein Aschehaufen und mittendrin die aufgeschlagene Bibel, völlig unversehrt. Karun und alle anderen Zuschauer waren tief betroffen. »Jesus lässt seine Worte nicht kaputt gehen«, sagte Jaioka und nahm die Bibel aus der glühenden Asche. Dann stutzte auch er und rief: »Hört zu, was auf dieser aufgeschlagenen Seite steht!« Er las laut vor: »Wenn du ins Feuer gehst, sollst du nicht brennen, und die Flamme soll dich nicht versengen.« Die Bibel hatte sich fast in der Mitte geöffnet und da steht dieses Wort in Jesaja, Kapitel 43, Vers 2. Und dann begann Jaioka die Geschichte von den drei Männern im Feuerofen aus Daniel, Kapitel 3 zu erzählen. Eine Bibelstunde für die Terroristen! Er schloss noch die Geschichte vom brennenden Dornbusch aus 2. Mose, Kapitel 3 an. Gespannt hörten die Menschen zu: »Gott hat alle Macht und sein Sohn Jesus will uns helfen und retten«, schloss er. Karun ließ von da an Jaioka und seine Arbeit in Virapura in Ruhe.

Ent-zaubert

Pastor Dashu leitet die christliche Gemeinde in Marapura, einem Dorf am Godaverifluss. Die Gemeinde ist stetig gewachsen, etwa 70 Mitglieder sind getauft. Doch seit zwei Jahren nahmen die Schwierigkeiten zu. Badaro, ein fanatischer Hindu wurde zum Dorfbürgermeister gewählt. Und er war von Anfang an den Christen nicht wohlgesonnen. Die meisten Bewohner von Marapura leben vom Fischfang. Auch viele christliche Familien. Der Bürgermeister schikanierte die Christen, wo es nur ging. Einmal verbot er ihnen für einige Wochen das Fischen, mit der – falschen – Begründung, ihre Netze seien zu engmaschig und so würden sie zu kleine Fische fangen und damit den Nachwuchs schädigen. Dann wieder erklärte er ihre Fische für verdorben und ließ sie nicht zum Verkauf zu. Schließlich legte er sogar ihre Boote still, sie entsprächen nicht mehr den Sicherheitsbestimmungen. Pastor Dashu versuchte einige Male mit Badaro zu reden, doch der wurde nur noch zorniger: »Ihr Christen mit eurem Jesusgott bringt Unglück in unser Dorf. Verschwindet von hier. Ich werde euch nie in Frieden lassen.«

Die Christen trugen zwar all diese Angriffe mit Geduld. Aber viele waren doch entmutigt und dachten tatsächlich daran, wegzuziehen. Pastor Dashu ermutigte die Gemeinde immer wieder und lud zu ausdauerndem Gebet, besonders für den Bürgermeister, ein. Jeden Freitag hielten sie eine Gebetsversammlung die ganze Nacht hindurch und beteten, namentlich eben auch für Badaro. Der erfuhr davon und wurde sehr zornig: »Die Christen wollen nur Übel, sie verfluchen mich und wollen Rache«, mutmaßte er. Er hatte noch nie etwas von Fürbitte gehört. Das war ihm als Hindu völlig fremd. In seiner Religion ist jeder für sein eigenes

Schicksal, sein Karma, verantwortlich. Deshalb ist es geradezu schädlich, einem anderen zu helfen oder gar für ihn zu bitten. So nimmt man ihm die Möglichkeit, sein Leben selber zu gestalten und im nächsten Leben auf einer höheren Stufe wiedergeboren zu werden.

In einer Freitagnacht, die Gemeinde war wieder zum Gebet zusammen, drang Badaro mit einer Machete bewaffnet in die Kirche ein. Er wollte den Pastor töten. Die Christen knieten mit geschlossenen Augen zum Gebet. Eine Frau öffnete ihre Augen und schrie entsetzt auf, als sie den mordlustigen Bürgermeister sah. »Gebt den Pastor heraus! Er ist ein Verführer! Er muss sterben!«, schrie er. Doch die Christen bildeten eine lebende Schutzmauer um Pastor Dashu und der Bürgermeister musste unverrichteter Dinge abziehen. »Du bist deines Lebens nicht mehr sicher«, drohte er noch Pastor Dashu. Dieser aber ließ sich nicht beirren. »Jesus ist bei uns. Er wird seine Kraft zeigen«, tröstete er sich und seine Gemeinde in kindlichem Vertrauen.

Und Jesus zeigte seine Kraft. Wenn Pastor Dashu am Sonntag predigte, wurden seine Worte auch per Lautsprecher übertragen. Viele im Dorf konnten mithören. Auch die Frau von Bürgermeister Badaro und seine Tochter waren so unsichtbare Gottesdienstteilnehmer. Laihama, die Tochter des Bürgermeisters, traute sich kaum aus dem Haus. Sie litt schon seit Jahren an einem entstellenden Hautausschlag und niemand konnte ihr helfen. Die Eltern hatten alles versucht, aber die Ärzte, auch dann die Medizinmänner und die Zauberer, zu denen sie Laihama brachten, waren ratlos. Laihama hatte schon mehrmals in den Predigten Pastor Dashus, von den Wundern und Heilungen gehört, die Jesus getan hatte und »er ist auch heute dein Helfer und Retter«, hatte Dashu oft eingeladen. Das Mädchen fasste Mut und an einem Freitagabend schlich sie sich von zu Hause weg und kam in die Kirche. »Bitte betet für mich. Euer Jesus hat doch Kraft. Niemand kann mir sonst helfen«, flehte sie. Sie kniete nieder und Dashu und zwei Gemeindeälteste beteten für sie und legten ihr die Hände auf. Nach einer Stunde intensiven Gebets geschah das Wunder. Laihama stand plötzlich auf und weinte vor Freude. Der Ausschlag war verschwunden. Ihre Haut war klar und rein. Badaro hatte erfahren, wo seine Tochter war und stürmte völlig außer sich in die Kirche. Aber was er sah, machte ihn sprachlos. Seine Tochter, gesund und ohne jede Entstellung. Wortlos nahm er sie an der Hand und ging mit ihr nach Hause. Er erlaubte dann sogar seiner Frau und Tochter, dass sie die Gemeinde besuchten. Seine Angriffe hörten auf.

Doch einer gab nicht auf. Arusa war der Vorsitzende der Fischereigenossenschaft im Dorf. Er hatte den Bürgermeister immer wieder gegen die Christen aufgestachelt. Die Christen, die so gut zusammenarbeiteten und nie betrogen, waren ihm ein Dorn im Auge. Doch er wurde krank, schwer krank. Pastor Dashu hörte davon und wieder betete die Gemeinde. Im Gebet versunken hatte Dashu eine Vision. Er sah eine Frau, die ihm zurief: »Hör mit deinem Beten auf. Arusa gehört mir.« Dashu wurde innerlich getrieben, Arusa zu besuchen. Als er die Hütte betrat, sah er diese Frau. Sie saß am Bett des Kranken. Bei Dashus Eintritt sprang sie auf. Ihre hasserfüllten Augen funkelten. »Geh fort«, schrie sie, »du hast hier keine Macht!« »Ich habe keine Macht, aber Jesus hat Kraft«, entgegnete Pastor Dashu und »im Namen Jesu gebiete ich dir, Arusa loszulassen.« Er hatte erkannt, dass hier dämonische Mächte am Werk waren. Unter lauten Flüchen floh die Frau aus der Hütte und dem Dorf. Arusa erholte sich zusehends. Der Bann war gebrochen. Später stellte sich heraus, dass diese Frau, eine entfernte Verwandte Arusas, eine bekannte Zauberin war.

Die beiden Krafttaten Jesu waren für die Christen eine große Ermutigung, wieder bewusst und einladend ihren Glauben zu leben. In Marapura gibt es viele offene Türen.

Ob ich auch wanderte im finstern Tal

Pastor Rekulu leitet die christliche Gemeinde in Geruda, einem Dorf etwa fünfzig Kilometer von Rajahmundry entfernt, am Rand des Silerdschungels. Dort in Rajahmundry ist eines der Zentren der Nethanja-Kirche, geleitet von Pratap Komanapalli. Er hat eine große Schule aufgebaut, eine Ausbildungsstätte für Elektroniker, Kinderheime, ein Mädchenkinderdorf und eine Computerschule. Ebenso aber liegt ihm die missionarische Arbeit am Herzen. Deshalb hat er etwa zwanzig Pastoren und Evangelisten angestellt, die schon über fünfzig Gemeinden gegründet haben. Eben auch Pastor Rekulu in Geruda. Rekulu geht immer wieder in die abgelegenen Dschungelgebiete, um auch dort in den Dörfern von Jesus zu predigen. So kam er auch nach Waripallem, einem völlig versteckten Dorf im Dschungel. Die Menschen dort begegneten ihm mit großer Ablehnung, ja sogar Feindschaft. »Wir wollen nichts von deinem Gott hören. Wir leben mit unseren Göttern«, beschied ihm der Dorfbürgermeister. »Geh weg und komm nie wieder. Wir wollen hier keine Fremden.« Pastor Rekulu erkannte, dass der Grund dieser massiven Ablehnung nicht nur im religiösen Bereich lag. Die Leute von Waripallem bauten im großen Stil Mohn an und stellten daraus Opium her. Sie lebten vom Verkauf der Drogen, die die jungen Männer auf geheimen Wegen zu den Großhändlern schmuggelten. »Wenn du uns verrätst, bleibst du nicht am Leben«, warnte ihn der Bürgermeister. »Ich bin kein Spion«, antwortete Rekulu, »ich will euch helfen.« In unregelmäßigen Abständen kam er immer wieder ins Dorf.

Bei einem seiner Besuche traf er auf Lakshmi, die weinend vor ihrer Hütte saß. Sie hatte ihren kleinen Sohn auf dem

Arm, der ganz offensichtlich sehr krank war. Hohes Fieber, Erbrechen, Durchfall, Krämpfe. »Niemand kann helfen«, klagte sie, als Rekulu sich mitleidig erkundigte. »Doch, Jesus kann helfen«, machte er Mut. Der Vater Vindanu war dazugekommen und lehnte zunächst ab: »Wenn unsere Götter keine Macht haben, dann kann dein Gott Jesus auch nicht helfen«, meinte er resignierend. Aber er ließ es dann zu, dass Rekulu für das Kind betete. Und der Junge wurde gesund. Nach einer Stunde waren alle Beschwerden weg und der Kleine krähte fröhlich. Die Eltern waren so beeindruckt, dass sie Pastor Rekulu in ihre Hütte einluden und seiner Predigt zuhörten. Nach mehreren Besuchen baten Vindanu und seine Frau Lakshmi um die Taufe. Sie lebten nun bewusst als Christen.

Kleine Kinder bekommen oft schwere Infektionskrankheiten.

Es begann eine schwere Zeit für die Familie. Die Dorfbewohner stießen sie aus ihrer Gemeinschaft aus. Die Großfamilie sagte sich von ihnen los. Sie mussten das Dorf verlassen und Vindanu baute am Dorfrand eine einfache Hütte. Nur mühsam konnte er seine Familie ernähren. Pastor Rekulu half, so gut er konnte und tröstete sie: »Jesus wird euch nicht verlassen.« Doch dann starb Lakshmi ganz schnell, innerhalb eines Tages, an einem tückischen Fieber. Das war klar für die Leute in Waripallem: »Die Götter haben sie gestraft.« Niemand war bereit, bei der Bestattung zu helfen. Rekulu erfuhr von der Situation. Er kam und noch drei Pastoren mit ihm. Sie schaufelten ein Grab und beerdigten Lakshmi. Rekulu hielt die Predigt und die Dorfbewohner hörten aus der Ferne zu. Es war für Rekulu wie ein Wunder, dass Vindanu in allem standhaft blieb: »Wir haben Jesu Kraft und Hilfe erfahren. Ich will ihm auch jetzt vertrauen.« Als Rekulu ihm vorschlug, nach Geruda zu kommen, wehrte er ab: »Ich bleibe hier. Ich will für mein Dorf beten und Zeugnis sein.« Immer wieder las er allein und mit Rekulu den 23. Psalm. »Und ob ich auch wanderte im finstern Tal, fürchte ich kein Unglück.« Das gab ihm Kraft. Eines Abends, wenige Wochen später, stürmte eine Polizeieinheit das Dorf Waripallem. Die indische Regierung bekämpfte den Drogenanbau und jemand hatte das Dorf verraten. Die Polizisten zerstörten die Felder und die Opiumküchen und nahmen alle Drogen mit. Sie setzten den Bürgermeister ab und verboten den weiteren Mohnanbau. Zwei Polizisten blieben als Wachposten im Dorf. Vor ihrem Abzug setzte der Kommandant Vindanu als neuen Bürgermeister ein und gab ihm alle Vollmachten: »Du hast als Einziger mit dem allem nichts zu tun. Bring' das Dorf wieder in Ordnung«, befahl er ihm.

Die Menschen im Dorf waren in Furcht vor Vindanu. Würde er sich jetzt rächen? Aber nichts dergleichen geschah. Vindanu suchte nach allen Kräften zu helfen. Er beriet sich auch mit Rekulu. Die Felder des Dorfes lagen brach. Rekulu brachte Maissaat mit und die Menschen konnten wieder etwas anbauen. Es stellte sich auch heraus, dass auf den Böden in Waripallem Kaffeebüsche gediehen und das Dorf hatte wieder eine Hoffnung. Die Regierung begann die Hilfsprogramme für die Dörfer im Dschungel. Sie gab Fördergelder zum Bau neuer, stabiler Häuser. Vindanu verteilte die Gelder gerecht auf die einzelnen Familien. Er war nicht bestechlich, was für die Leute fast nicht zu glauben war. So erwarb sich Vindanu die Achtung und auch das Vertrauen in seinem Dorf. Heute gibt es eine kleine christliche Gemeinde in Waripallem.

Vergebliche Angriffe

Jedes Jahr im Januar findet die Mitarbeiterkonferenz der Nethanja-Kirche statt. Pastoren, Evangelisten, Mitarbeiter, Gemeindeälteste – oft alle mit ihren Familien, versammeln sich vier Tage, um konzentriert auf Gottes Wort zu hören. Es sind bis zu dreitausend Teilnehmer. Die Tage stärken auch die Gemeinschaft untereinander. Viele tun ihren Dienst in abgelegenen Dörfern. Da ist dieses Treffen wie eine Tankstelle für neuen Mut und Kraft. Viele Fragen werden miteinander besprochen, Probleme abgeklärt und neue Pläne festgelegt. Ja, die Tage der Konferenz sind oft sogar eine Heiratsbörse. Kontakte zwischen Familien werden geknüpft, ausgelotet, ob da zwei zusammenpassen, und dann die Hochzeit geplant. Es sind gesegnete Tage für die ganze Kirche und jedes Jahr ein lang ersehnter Höhepunkt.

So auch die Mitarbeiterkonferenz 2006. Wir hörten miteinander auf die »Ich-bin-Worte« Jesu aus dem Johannesevangelium. Da gibt sich Jesus in seiner ganzen Größe, Kraft und Vollmacht zu erkennen. Jesus Christus, der Sohn Gottes, der uns mit seinem Tod am Kreuz erlöst hat – er ist der Mittelpunkt aller Verkündigung in der Nethanja-Kirche. Jesus Christus, der Sohn Gottes, der von Gott, seinem Vater, auferweckt wurde und jedem, der an ihn glaubt ewiges Leben gibt – das ist die Zusage. Hier ist die Antwort auf die Frage: »Was kommt nach dem Tod?« – Jesus Christus, der Sohn Gottes, der in Kraft und Herrlichkeit wiederkommen wird. Dann wird er sein ewiges Reich des Friedens aufrichten. Und jeder, der ihm vertraut, wird dort bei ihm in ewiger Seligkeit sein. Das ist die Hoffnung, die wir Christen haben. Es war eine richtige Jesuskonferenz. Viele Hindus nennen ja die Christen »Jesusleute«. Sie haben verstanden, dass christlicher Glaube »Jesusvertrauen« ist.

Ehre, Lob, Preis und Anbetung allein und ganz für Jesus Christus. Das prägte diese Konferenztage. Wo Jesus geehrt und angebetet wird, da ist der Satan, der Widersacher nicht fern. Da greift er an. Er weiß genau, wer an Jesus glaubt, ist seiner Herrschaft entkommen. Wo Jesus gepredigt und geglaubt wird, da ist die Macht des Teufels gebrochen. Aber er versucht seine Angriffe. Nach der Abendversammlung in der großen Halle in Boyapalem war eine Gruppe Pastoren auf dem Weg nach Paradesipalem, dem Missionszentrum. Dort schliefen sie in der Kirche. Sie gingen die etwa zwei Kilometer zu Fuß, am Rand der großen Straße. Unter ihnen war auch Dekan Amos mit seinem zehnjährigen Sohn. Die Gruppe war noch ganz erfüllt von der Versammlung und beredete intensiv miteinander das Gehörte.

Plötzlich kam ein Motorrad, voll aufgeblendet und mit hoher Geschwindigkeit. Der Fahrer verlor die Herrschaft über sein Fahrzeug, kam von der Straße ab und fuhr geradewegs in die Gruppe der Pastoren. Erschrocken sprangen die Pastoren zur Seite. Nur John, dem Sohn von Dekan Amos, gelang die Flucht nicht so schnell. Das Motorrad erwischte ihn und schleuderte ihn zu Boden. Verzweifelt beugte sich Amos über seinen Sohn. Er lag leblos da. Amos spürte keinen Puls mehr und auch fast keinen Atem. Musste er sterben? »O Herr, nicht das«, flehte Amos, »nicht auch noch John.« Er hatte erst vor einem Jahr seine Tochter Shanti verloren. Sie war an der tückischen Kopfmalaria gestorben. Dekan Amos kniete bei seinem Sohn und betete. Die anderen Pastoren taten es ihm gleich. Einer lief nach Paradesipalem und holte Bischof Singh. »Er wird nicht sterben«, sagte Singh glaubensvoll. »Der Herr ist da.« Die Gruppe kniete am Straßenrand und betete weiter. Bischof Singh legte John die Hände auf und rief die Kraft Jesu Christi aus. John schlug die Augen auf. Er sah verwundert um sich. Dann stand er auf. Er hatte einige kleine Kratzer im Gesicht und an den Armen, war aber sonst augenscheinlich unverletzt. Überglücklich nahm Dekan Amos seinen Sohn in die Arme. »Jesus ist größer«, sagte er immer wieder. Bischof Singh ordnete an, John ins Krankenhaus zur Untersuchung zu bringen. Dort aber stellten die Ärzte tatsächlich keinerlei Schäden fest. Am nächsten Tag, in der Konferenzversammlung am Morgen, gab Dekan Amos mit John auf dem Arm das Zeugnis von dem Wunder, von der Macht Jesu Christi. Der Motorradfahrer, der schwer betrunken gewesen war, hatte sich erheblich verletzt. Doch Bischof Singh ließ auch ihn ins Krankenhaus bringen. Er übernahm sogar die Kosten für die Behandlung und verzichtete auf eine Strafanzeige. »Wie sollen wir jemand bestrafen, wenn Jesus solch ein Wunder tut?«, meinte er. Der Motorradfahrer – Gaman, so hieß er – wurde von dem, was da mit ihm geschah, überwältigt. Wenige Wochen später ist er Christ geworden. So endete der Zerstörungsangriff des Satans mit einem doppelten Sieg Jesu.

Ebenfalls bei dieser Konferenz kam es zu einem zweiten Angriff des Bösen. Der Evangelist David ruhte sich in der Mittagspause am Rand des großen Konferenzgeländes aus. Da wurde er von einer Schlange ins Bein gebissen. Erschrocken rief er seine Freunde herbei. Es musste eine Giftschlange gewesen sein, wohl eine Königskobra. Nach wenigen Minuten bekam er große Schmerzen und das Bein schwoll an. Sundar, der Manager des Missionszentrums, ließ ihn mit dem Missionsbus ins Krankenhaus bringen. Das Gegengift musste innerhalb einer Stunde gespritzt werden. Doch der Bus blieb im Stau am Stadteingang stecken. Ein hohes Regierungsmitglied war unterwegs und die

Polizei hatte die Straßen abgesperrt. Davids Begleiter flehten die Polizisten an, sie durchzulassen. Doch die blieben unerbittlich. David wurde bewusstlos. Endlich, nach zwei Stunden erreichten sie das Krankenhaus. Bis dann ein Arzt kam und die Kostenfrage geklärt war, verging eine weitere Stunde. So sind eben oft die Verhältnisse in Indien. Als er dann den Kranken sah, schüttelte der Arzt nur den Kopf: »Da ist nichts mehr zu machen. Nehmt ihn wieder mit. Ich will keinen Toten hier im Krankenhaus.« Doch die begleitenden Pastoren gaben nicht auf. Sie alle knieten nieder und riefen die Kraft Jesu Christi an. Der Arzt schüttelte nur den Kopf. Doch dann sah er mit großen Augen, was geschah. Nach einer Viertelstunde intensiven Gebets schlug David die Augen auf. Die Schwellung am Bein ging zurück. Er konnte sogar aufstehen. Er war gesund. Jesus hatte seine Macht gezeigt. Der Arzt, ein Hindu, war tief betroffen: »Wer seid ihr und über was für Götter verfügt ihr?«, fragte er in tiefem Staunen. Die Pastoren bezeugten ihm Jesus als den Sieger über Tod und Teufel. In der Abendversammlung berichtete David von seiner Heilung. Die ganze Versammlung sang ein Loblied. Übrigens: An einem der nächsten Sonntage kam dieser Arzt in den Gottesdienst. Und er ist Christ geworden. So endete auch dieser Angriff des Satans mit einem doppelten Sieg Jesu Christi.

Die geplatzte Hochzeit

Für viele junge Menschen ist es schwer, im modernen Indien ihren Weg zu finden.

Mangu und Sunandama leben mit ihrem Sohn Buskan in Vishakapatnam. Sie sind treue Mitglieder der Nethanja-Gemeinde in Paradesipalem und arbeiten auch mit. Mangu in der Organisation und Sunandama in der Frauenarbeit. Mangu ist ein hoher Beamter in der Provinzregierung und hat Bischof Singh schon in manchen schwierigen Fragen mit seinem Einfluss bei den Behörden geholfen. So haben sie eine engere Beziehung zu Bischof Singh und er sucht im

Umgang mit der Regierung oft Mangus Rat. Er hat die beiden auch in einer für sie schweren Zeit begleitet. Als Buskan, ihr Sohn, sechzehn geworden war, geriet er in schlechte Gesellschaft. Bis dahin war er ein freundlicher Junge und guter Schüler gewesen. Jetzt glitt er immer mehr ab. Er begann zu rauchen und zu trinken und dann sogar Drogen zu nehmen. Die Jugendbande, der er sich angeschlossen hatte, unternahm auch kleinere Raubüberfälle, um die Sucht zu finanzieren. Auch der Umgang mit Mädchen in nicht guter Weise, war in der Gruppe üblich. Buskan wurde mehrere Male von der Polizei festgenommen. Nur der Einfluss seines Vaters bewahrte ihn vor dem Gefängnis. Nicht mit Liebe und nicht mit Strenge konnten die Eltern ihren Sohn von diesem Weg abbringen. Schließlich kam er nicht mehr nach Hause. Er war untergetaucht.

Die verzweifelten Eltern sprachen immer wieder mit Bischof Singh. Der redete eindringlich mit Buskan, aber auch er konnte nichts erreichen. Als Buskan verschwunden war, organisierte die Gemeinde eine Gebetskette. Jeden Tag kamen einige Christen zu Mangu und Sunandama und beteten für Buskan. Auch in der Gebetsversammlung am Freitag wurden viele Fürbitten für Buskan vor Gott gebracht. Vier Monate dauerte es nun schon, dass Buskan verschwunden war. Die Eltern verloren fast die Hoffnung und den Mut. Aber Bischof Singh ermutigte sie immer wieder: »Gebt euer Vertrauen auf Jesus nicht auf. Er gibt dem beharrlichen Gebet eine besonders große Verheißung und er wird eingreifen.« Dann, eines Abends, stand Buskan tatsächlich an der Tür seines Elternhauses. Er war sehr mager geworden. Die Augen lagen tief in den Höhlen. Er war offensichtlich krank. Mit schwacher Stimme entschuldigte er sich: »Ich habe euch viel Schmerzen gemacht. Vergebt mir. Ich konnte einfach nicht ruhig werden. Es war, wie wenn mich Stricke zu euch zurückziehen würden.« Die Eltern dachten: Ja, die Stricke des Gebets. Sie machten ihrem Sohn keine Vorwürfe, sondern nahmen sich ganz seiner an. Buskan kam wieder zu Kräften, ging wieder zur Schule, machte einen hervorragenden Abschluss und studierte dann Elektrotechnik.

Nach dem Abschluss seines Studiums suchten die Eltern eine Frau für Buskan, wie es in Indien Sitte ist. Nach längerer Suche fanden sie ein geeignetes Mädchen und Buskan stimmte zu. Sie kam aus einer guten christlichen Familie und als sie Buskan ein wenig näher kennenlernte, war auch sie einverstanden. Die beiden waren nun verlobt. Die Familien besprachen alle Einzelheiten der Heirat. Dazu gehörte auch die finanzielle Seite und das Datum der Hochzeit wurde festgelegt. Zu den Vorbereitungen gehörte es auch, dass sich die beiden jungen Leute einer medizinischen Untersuchung unterzogen. Es war wie ein Donnerschlag. Der Arzt teilte Buskan und den entsetzten Eltern mit, dass Buskan HIV-positiv sei. Noch waren keine Anzeichen der Krankheit aufgetreten, aber der Bluttest war eindeutig.

Mit einem Schlag lag das ganze Leben von Buskan in Scherben. Die Hochzeit musste abgesagt werden. In Indien eine große Schande für die Familie. Die ausgetauschten Geschenke mussten zurückgegeben werden und alle Vorbereitungen wurden rückgängig gemacht. Mehr als das alles aber trieb die Eltern das Mitleiden mit ihrem Sohn um. »Straft ihn jetzt Gott für seine schlimme Zeit damals?«, fragte Mangu tief verunsichert Bischof Singh. »Jesus will niemanden strafen«, entgegnete ihm der, »aber unsere Sünde hat oft zerstörende Folgen. Trotzdem dürfen wir gerade damit zu Jesus kommen. Er hat Kraft und will Sünde vergeben und kann auch vor den Folgen erretten.« Bischof Singh sprach lange mit Buskan und machte ihm Mut. Wieder entstand eine Gebetskette. Viele beteten für Buskan. Buskan war in ärztlicher Behandlung und erhielt starke Medikamente. »Heilung gibt es nicht, aber wir können den Ausbruch der Krankheit hinauszögern«, sagte der Arzt nüchtern.

Doch das Wunder geschah. Bei einem Arztbesuch drei Monate später starrte der Mediziner fassungslos auf das Ergebnis des Bluttests. »Ich kann keine Erreger mehr feststellen.« Er machte noch einen weiteren Bluttest und ließ ihn von einem anderen Labor untersuchen. Doch das Ergebnis war dasselbe. Keine HIV-Erreger waren nachweisbar.

Für alle, die mitgebetet hatten, war das eine große Ermutigung. Jesus hatte ihre Gebete erhört und seine ›Kraft‹ gezeigt. Später hat Buskan tatsächlich geheiratet und im November 2009 brachte seine Frau ein gesundes Mädchen zur Welt. »Meine Frau ist ein Geschenk Gottes, mein Kind, ja mein eigenes Leben«, bezeugte Buskan mit großer Dankbarkeit.

Der verlorene Sohn

Sie waren eine zufriedene und glückliche Familie. Naveen lebte mit seiner Frau Kanthama am Stadtrand von Vishaka-patnam. Er war Busfahrer und so hatten sie ein sicheres Einkommen. Das Ehepaar hatte einen Sohn, Ramesh. Ihm galt ihre ganze Fürsorge. Er besuchte die Schule, später das College und schloss ab als Ingenieur. Auch fand er einen guten Arbeitsplatz und trug zum Lebensunterhalt der Familie bei. Als er sechsundzwanzig war, heiratete Ramesh. Seine Eltern hatten mit ihm ein Mädchen aus guter Familie gesucht. Die Hochzeit war ein großes Fest. Die Familien scheuten keine Kosten. Naveen baute ihr Haus weiter aus und Ramesh lebte mit seiner Frau bei den Eltern. Nach zwei Jahren wurde ihnen ein Sohn geboren, Prasad. Zufrieden lebten sie in ihrer Familie. Die Frauen verstanden sich sehr gut und Prasad wuchs in einer behüteten Umgebung auf. Er ging mit achtzehn aufs College und wollte, wie sein Vater, Ingenieur werden. Naveen und Kanthama waren alt geworden. Aber ihr Sohn sorgte für sie. Zudem hatte Naveen eine gute Pension.

Abrupt änderte sich ihr beschauliches Leben. Völlig unerwartet starb Ramesh an einem Herzinfarkt. Es war keine Hilfe mehr möglich. Die Hinterbliebenen waren fassungslos und wie gelähmt. Aber das Leben musste ja weitergehen. »Gemeinsam werden wir es schaffen«, munterte Naveen seine Familie auf. Doch schon nach wenigen Wochen kam der nächste Schlag. Ihre Schwiegertochter verließ sie und zog zu einem anderen Mann. Damit nicht genug für die beiden alten Leute. Eines Tages war auch ihr Enkel Prasad verschwunden. Er hatte wohl die bedrückte Atmosphäre nicht mehr ertragen. Seine Großeltern suchten ihn verzweifelt, aber ohne Erfolg. Naveen wurde darüber krank und auch er starb. Innerhalb eines halben Jahres war alles für Kanthama zusammengebrochen. Nun war sie Witwe, alt und fast mittellos und hatte niemand mehr, der für sie sorgte.

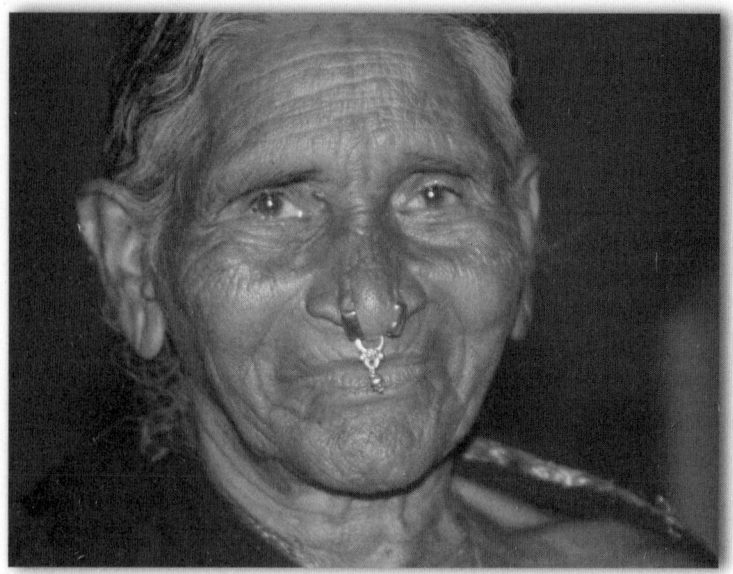

Alte Frau mit traditionellem Nasenschmuck

Zweimal versuchte sie sich das Leben zu nehmen. Sie hatte keinerlei Hoffnung mehr. Aber jedes Mal war die Giftdosis zu schwach. Eines Tages kam eine entfernte Nachbarin, um sie zu besuchen. Das war allerdings zum Staunen. Denn alle Menschen aus ihrer Umgebung mieden Kanthama: »Sie ist von den Göttern gestraft. Ihr zu begegnen bringt Unglück«, sagten die Leute. Doch diese Frau gehörte zur Nethanja-Kirche und besuchte die Gottesdienste im Missionszentrum. Sie tröstete Kanthama und lud sie ein, mit ihr zu gehen. »Wir unterstützen von unserer Kirche aus viele

Witwen und werden auch dir helfen.« Kanthama ging mit zum Gottesdienst und sie wurde tatsächlich in das Hilfsprogramm der Gemeinde aufgenommen. Sie war tief dankbar für alle Hilfe, aber »mein sehnlichster Wunsch ist, dass mein Enkel Prasad wieder zurückkommt«, vertraute sie Pastor Amos an. »Wir dürfen Jesus darum bitten«, ermutigte er sie. Jeden Freitag war Gebetsstunde der Gemeinde. Da wurde nun auch das Anliegen von Kanthama genannt. Die Gemeinde betete für die Rückkehr Prasads.

Kanthama spürte immer mehr die Beschwerden des Alters. Sie wurde schwächer und konnte nur noch sehr schlecht sehen. Aber sie hielt sich treu zur Gemeinde und sie – die ganze Gemeinde – betete. Ein halbes Jahr war vergangen. Eines Tage stand plötzlich Prasad wieder da. »Es hat mich wie an einem Seil zurückgezogen. Ich weiß nicht, warum«, sagte er zu seiner Oma. »Ich gehe nicht mehr weg und sorge für dich«, versprach er. Am nächsten Freitag, in der Gebetsstunde, wurden viele Dank- und Lobgebete gesprochen. »Wir dürfen Jesus in allem vertrauen«, predigte Pastor Amos. Kanthama ist zwar alt und gebrechlich, aber nun – nach allem Schweren in ihrem Leben – umsorgt von Prasad.

Jesus kann doch

Venkat, seine Frau Pooja und ihr Sohn Ragesh gehören zu der Gemeinde der Nethanja-Kirche im Missionszentrum Paradesipalem in Vishakapatnam. Venkat hat eine Arbeitsstelle als Sachbearbeiter im Rathaus der Stadt. Alle drei arbeiten in der Gemeinde mit, Venkat in der Finanzverwaltung, Pooja in der Frauen- und Ragesh in der Jugendarbeit. Sie sind eine zufriedene Familie. Doch dann kamen sie in große Not: Venkat wurde schwer krank. Der Arzt stellte eine hartnäckige Gelbsucht fest. Frau und Sohn brachten den Vater ins städtische Krankenhaus. Die Ärzte dort waren nur widerwillig bereit, ihn zu untersuchen und zu behandeln. Sie erwarteten ein hohes Schmiergeld. Normalerweise ist die medizinische Versorgung in Indien in den staatlichen und städtischen Krankenhäusern frei, aber ohne Bestechungsgelder geht nichts. Die Ärzte sind einfach auch zu schlecht bezahlt. Die Familie gab dann siebenhundert Rupien und die Ärzte untersuchten Venkat. Dann sagten sie: »Nehmt ihn wieder mit nach Hause. Wir können nicht helfen. Er wird sterben. Es gibt keine Hoffnung.« Pooja war verzweifelt. Sie klammerte sich aber an eine kurze Bemerkung einer der Ärzte: »Vielleicht kann man in einer Spezialklinik noch etwas tun«, hatte er gemurmelt. Diese Privatkliniken aber waren sehr, sehr teuer und sie hatten niemals so viel Geld.

Pooja klagte ihre Not Bischof Singh. In der Gebetsversammlung in der Gemeinde am Freitag wurde jetzt für Venkat gebetet. Pooja erlebte ein erstes Wunder. Die Vorgesetzten ihres Mannes boten ihr an, die Behandlung in einer Privatklinik zu ermöglichen. Sie würden dafür ein Darlehen gewähren. So kam Venkat in eine hoch angesehene

Privatklinik, wo sich Spezialisten um ihn kümmerten. Sie behandelten ihn mit teuren Medikamenten. Jeden Freitag betete die ganze Gemeinde weiter für Venkats Genesung. Nach sechs Wochen schüttelten auch in der Apollo-Klinik die Ärzte den Kopf. »Die Medikamente helfen nicht. Wir wissen nicht mehr, was tun.«

Pooja war zutiefst bedrückt. »Warum hilft Jesus nicht?«, fragte sie Bischof Singh traurig. »Kann er nicht helfen?« Sie erschrak selber über ihre Zweifel, »oder will er nicht helfen? Straft er mich?« Sie wusste nicht mehr, was sie glauben konnte. Bischof Singh nahm sie in ihren Nöten ernst. »Manchmal prüft Jesus unser Vertrauen«, sagte er. »Aber das beharrliche Gebet hat eine große Zusage. Jesus kann! Aber wir müssen auch bereit werden, seinen Weg mitzugehen, auch wenn er ein anderes Ziel hat als wir«, setzte er hinzu. »Jesus kann, aber er muss nicht. Er ist nicht der Erfüller aller unserer Wünsche, aber er will unser Bestes«, sagte er weiter. Für Pooja waren das einerseits tröstliche Worte, aber andererseits auch Gedanken, die sie zutiefst umtrieben.

Nach acht Wochen erklärten die Ärzte die Behandlung für beendet. Wieder die niederschmetternden Sätze: »Wir können nichts mehr für den Patienten tun. Er wird sterben. Nehmen Sie Ihren Mann nach Hause, dass er dort sterben kann.« An einem Freitagmittag erfuhr Pooja diese endgültige Diagnose. Weinend berichtete sie am Abend in der Gebetsversammlung, was die Ärzte gesagt hatten. Bischof Singh forderte die Gemeinde auf, im Gebet und Glauben nicht nachzulassen. Er las aber auch bewusst den 73. Psalm, wo es heißt: »Dennoch bleibe ich stets an dir … Wenn mir gleich Leib und Seele verschmachten, so bist du doch, Gott, allezeit meines Herzens Trost und mein Heil.«

Schweren Herzens machten sich Pooja und Ragesh am Samstagmorgen auf den Weg, um Venkat heimzuholen.

Doch als sie sein Krankenzimmer betraten, waren dort schon sieben Ärzte versammelt. Sie alle schauten ungläubig und untersuchten Venkat immer wieder. Gestern war er noch sterbend gewesen und heute waren keinerlei Anzeichen der Gelbsucht mehr da. Die Blut- und Leberwerte waren ausgezeichnet und Venkat war wieder bei Kräften. »Das ist ein Wunder. Du musst einen starken Gott haben«, sagten sie zu Venkat. »Ja, unser Gott Jesus ist stark. Er kann helfen«, bezeugte Pooja vor den Ärzten. Völlig gesund konnte Venkat die Klinik verlassen. Am Sonntag bezeugte er im Gottesdienst Jesu Kraft. Und die Gemeinde lobte und dankte mit.

Venkat war nun wieder gesund. Aber die Familie hatte noch eine große Last. Mehr als sechshunderttausend Rupien hatte der Aufenthalt und die Behandlung in der Spezialklinik gekostet (etwa 10 000 €). Für sie eine unvorstellbar hohe Summe. Wie sollten sie das jemals zurückzahlen können? Obwohl Venkat für indische Verhältnisse gut verdiente, monatlich siebentausend Rupien (etwa 120 €). Doch Jesus half auch hier. Die Vorgesetzten waren so beeindruckt von Venkats wunderbarer Heilung, dass sie der Familie alle Schulden erließen. Pooja hatte in diesen Wochen viel gelernt. »Ja, Jesus kann«, sagte sie zu Bischof Singh, »aber ich bin innerlich auch ein Stück weit bereit geworden, anzunehmen, wenn sein Wille anders gewesen wäre.«

Simon – die Erhörung

Makenderder und seine Frau Kavitha waren seit vier Jahren verheiratet. Sie sind beide Mitarbeiter in der Gemeinde der Nethanja-Kirche im Missionszentrum in Vishakapatnam. Er ist beim Lobpreisteam dabei und sie hilft im Kindergottesdienst. Beide leben als bewusste und fröhliche Christen. Aber eines lag wie ein Schatten auf ihnen: Sie blieben kinderlos. Sie klagten ihre Not dem Gemeindepastor Prasad. Er betete immer wieder mit ihnen und für sie. Auch in der Gebetsversammlung am Freitag brachten sie ihr Anliegen in und mit der Gemeinde zu Jesus. Kinderlosigkeit gilt in Indien als schlimme Strafe und so sagten auch ihre hinduistischen Verwandten: »Die Götter sind zornig auf euch. Ihr seid von ihnen abgefallen zu diesem fremden Gott Jesus, werdet wieder Hindus, dann werden auch die Götter vielleicht gnädig sein.« Aber die beiden lehnten das ab und vertrauten Jesus. Und Jesus half. Im November 2008 wurde Kavitha schwanger. Die beiden waren überglücklich und sehr dankbar. Die Gebetsversammlung wurde durch viele Dank- und Lobgebete zur Anbetung Jesu Christi.

Die Schwangerschaft verlief ohne Schwierigkeiten. Doch dann kam ein Schock. Bei der Untersuchung beim Frauenarzt im fünften Monat teilte der Kavitha ernst mit: »Auf dem Ultraschallbild sehe ich Missbildungen bei Ihrem Kind an Armen und Beinen. Ich rate dringend zum Abbruch der Schwangerschaft. Wahrscheinlich wird das Baby auch nicht lebensfähig sein.« Kavitha und ihr Mann waren völlig durcheinander. Sie kamen mit ihrer Not zu Bischof Singh. Er nahm sich viel Zeit für die weinenden Eltern. »Kommt morgen wieder«, sagte er dann, »ich will beten, was ich euch raten soll.« Am nächsten Tag setzten sie das Gespräch fort. Bischof Singh sagte ihnen dabei klar: »Ich habe die innere Gewissheit, dass euer Kind gesund zur Welt kommen wird. Ein Kind so vieler Gebete wird nicht sterben. Folgt nicht dem Rat des Arztes. Vertraut euch ganz Jesus an.« Die beiden blickten zweifelnd, doch dann nahmen sie Bischof Singhs Rat an.

Die nächsten Wochen ging Kavitha durch viele Tiefen. Sie wollte Jesus vertrauen, aber die Feststellungen des Arztes gingen ihr immer wieder durch den Kopf und zermürbten sie. Die Gemeinde aber trug sie und ihren Mann mit. In den Gebetsstunden riefen sie zusammen Jesus an: »Du bist der Helfer. Du bist mächtig. Wir vertrauen dir. Segne Kavitha und das werdende Leben«, so beteten viele. Jeden Tag kamen fünf Frauen frühmorgens zu Kavitha und beteten eine Stunde mit ihr.

Es kam die Stunde der Geburt. Erfahrene Frauen standen Kavitha bei. Es war eine schwere Geburt. Viele Stunden lang dauerten die Wehen. Dann, der erlösende Schrei. Das Baby war da. Ein gesunder Junge. Alle Gliedmaßen waren normal ausgebildet. Die Eltern waren überglücklich. Sie und die ganze Gemeinde dankten Jesus für das Wunder seiner Hilfe.

Zwei Wochen später brachten Makenderder und Kavitha ihren Sohn zur Segnung und Namensgebung in den Gottesdienst. Sie baten Bischof Singh, ihrem Sohn den Namen zu geben. Er segnete das Kind und sagte dann: »Du bist ein Kind vieler Gebete. Du sollst den Namen Simon tragen, das heißt ja Erhörung. Jesus hat unser Bitten erhört und du sollst mit deinem Namen immer ein Zeugnis sein für die Macht, die Liebe und die Hilfe Jesu.«

Hanna hat hundert Töchter

Hanna lebt im Friedenshaus, dem Witwenheim der Nethanja-Kirche in Vishakapatnam. Sie ist jetzt etwa 70 Jahre alt und hat ein bewegtes Leben hinter sich. Sie war das einzige Kind einer bettelarmen Familie aus einem Dorf in der Nähe von Vizag. Sie durfte zur Schule gehen, aber schon mit 14 Jahren verheirateten die Eltern sie. Ihr Mann war zehn Jahre älter. Er respektierte sie und behandelte Hanna, damals hieß sie Sittam, gut. Auch in der Schwiegerfamilie wurde sie wohlwollend aufgenommen. Im Lauf der Zeit wurden dem Paar zwei Kinder geboren, ein Junge und ein Mädchen. Der Vater arbeitete hart als Rikschafahrer und die Familie hatte ihr Auskommen. Doch dann, als Hanna zwanzig war, wurde ihr Mann bei einem Unfall tödlich verletzt. Nun war sie Witwe. Der Priester kam und schor ihr alle Haare ab. Er nahm ihr allen Schmuck und zerschlug ihre Armreife. Sie musste ab jetzt den weißen Sari tragen, der sie für jeden als Witwe kennzeichnete. Die Schwiegereltern duldeten sie und die Kinder nicht mehr im Haus. »Du bringst Unglück über uns. Die Götter haben dich gestraft. Du bist wohl in deinem früheren Leben eine große Sünderin gewesen. Deswegen musste unser Sohn so früh sterben«, beschuldigten sie Hanna. So denken viele Hindus über Witwen und gehen ihnen aus dem Weg, um Unglück zu vermeiden.

Hanna gab nicht auf. Sie arbeitete hart auf den Feldern eines Großbauern und tat alles für ihre Kinder. Nach fünfzehn Jahren traf sie der zweite schwere Schlag. Ihr Sohn starb, knapp achtzehnjährig, an der heimtückischen Kopfmalaria. Nun hatte Hanna nur noch ihre Tochter. Hanna legte jede Rupie, die sie entbehren konnte, zurück. Sie woll-

Junge Frau

te ihre Tochter gut verheiraten und dazu war ein ansehnlicher Brautpreis wichtig. Wer würde sonst ein Mädchen aus solch einer Unglücksfamilie heiraten? Und es gelang. Die Tochter fand einen guten Mann. Der Schwiegersohn ließ Hanna bei ihnen in der Familie wohnen. Als dann Enkelkinder geboren wurden, war es die gern übernommene Aufgabe der Großmutter, mit für die Enkelkinder zu sorgen. So hatte Hanna – nach den schweren Strecken, nun im Alter doch noch angenehme Tage.

Hanna war unterwegs, um Gemüse zu kaufen. Da hörte sie Musik. Sie blieb stehen und hörte zu. Eine Gruppe Bibelschüler sang christliche Lieder und dann predigte Pastor Amos. Seine Worte erfassten Hannas Herz. Sie fragte nach mehr und Pastor Amos lud sie zu den Gottesdiensten der Gemeinde in Paradesipalem ein. Fast jeden Sonntag war Hanna nun dort. Die drei Stunden Fußweg waren ihr nicht zu viel. Ihr Schwiegersohn, ein überzeugter Hindu, bekam das mit und stellte Hanna zornig vor die Wahl: »Entweder die Christen oder wir als deine Familie.« Hanna war inzwischen aber so vom Evangelium der Liebe Jesu erfasst, dass sie bat: »Ich tue doch nichts Schlechtes. Ich will weiter ganz für euch mitsorgen. Aber ich kann von diesem Jesus nicht mehr weggehen.« Wutentbrannt warf sie ihr Schwiegersohn aus dem Haus. »Komm nie mehr hierher«, schrie er ihr nach, »du bist für uns gestorben. Du wirst deine Tochter und deine Enkel nie mehr sehen!«

Die Witwen vom Friedenshaus

Hanna lebte nun buchstäblich auf der Straße. Sie ernährte sich von Abfällen. Sie war zu alt und zu schwach, um noch zu arbeiten. Drei Wochen ging das so. Dann erkannte Pastor Amos ihre Lage und er brachte sie ins Friedenshaus, das Witwenheim der Nethanja-Kirche. Dort fand sie liebevolle Fürsorge und Pflege, so dass sie nach einigen Tagen wieder bei Kräften war. Hanna ist eine sehr aufgeschlossene und hilfsbereite Frau und so fand sie bald Möglichkeiten zur Mitarbeit. Sie ließ sich taufen und bat darum, dass sie den neuen Namen »Hanna« tragen dürfte. Ihr Vorbild war dabei die alte Witwe Hanna, von der der Evangelist Lukas in Kapitel 2 berichtet. Diese Witwe traf im Tempel in Jerusalem die Eltern Jesu mit ihrem Kind. Da nahm sie das Jesuskind auf die Arme und segnete es. So tut es nun auch Hanna: Immer, wenn in der Gemeinde ein Kind geboren wird, dann segnet sie das Kind. Sie betet weiter für die Kinder. Ihre Gebetsliste hat viele Namen. Neben dem Witwenheim in Boyapalem ist das Mädchenkinderdorf mit etwa 100 Mädchen. Diesen Kindern wendet sich Hanna in großer Fürsorge zu. Sie hilft ihnen bei den täglichen Aufgaben. Sie pflegt ihre Haare und hört sich ihre Sorgen an. Die Mädchen riefen sie bald »Ama«, das heißt Mama. »Ich habe keine Familie mehr. Aber jetzt hat mir Jesus hundert neue Töchter geschenkt«, sagte sie glücklich zu Bischof Singh. Ihn ruft sie übrigens nur »Babu«, das heißt »lieber Sohn.«

Ausgestoßen und doch zu Hause

Krupa wuchs in einem Dorf, tief im Silerdschungel auf. Ihre Eltern waren sehr arme Leute. Aber sie taten alles für ihre einzige, geliebte Tochter. Als Krupa sieben Jahre alt wurde, schickten die Eltern sie auf eine private Schule im Hauptort Gudem. Ihre Tochter sollte eine gute Ausbildung erhalten. Sie sparten sich das Geld vom Munde ab. Der Vater verdingte sich bei der staatlichen Forstverwaltung und arbeitete sehr hart. Auch die Mutter arbeitete auf den Feldern, damit sie das Schulgeld für Krupa bezahlen konnten. Täglich opferten sie den Baum- und Steingöttern, die sie anbeteten und flehten um das Wohlergehen ihrer Tochter.

Krupa war eine gute Schülerin und sie wusste sehr wohl, wie viel sie ihren Eltern verdankte. Es war eine große Ausnahme, dass Dschungelleute ihren Kindern, dazu noch einem Mädchen solch eine Ausbildung ermöglichten. In Gudem gibt es auch ein Kinderheim der Nethanja-Kirche, in dem 30 Mädchen und 30 Buben leben. Sie gehen in die staatliche Schule, die frei ist für Dschungelkinder. Krupa lernte einige Mädchen aus dem Kinderheim kennen und schloss Freundschaft mit ihnen. Sie war öfters bei ihnen zu Besuch. Dabei hörte sie auch die Jesusgeschichten und lernte viele christliche Lieder. Eines Tages bekam Krupa hohes Fieber. Sie wurde immer schwächer. Aber sie sagte zunächst niemand davon. Sie hatte einige der Wunder- und Heilungsgeschichten von Jesus gehört. Ganz allein für sich betete sie ganz kindlich: »Jesus, ich kenne dich nicht richtig. Aber ich vertraue dir. Die Christen sagen, du hast Kraft. Mache mich bitte gesund.« Jesus erhörte ihr stammelndes Gebet und Krupa war nach einem Tag völlig gesund. Das machte ihren Glauben stark und sie wollte sich auch taufen lassen und bewusst als Christin leben.

Freundinnen im Kinderheim

Als sie das nächste Mal in den Ferien nach Hause kam – inzwischen war sie dreizehn Jahre alt – erzählte sie ihren Eltern von ihrem neuen Glauben und wie Jesus sie geheilt hatte. Doch ihre Eltern gerieten in großen Zorn: »Du bist eine Verräterin. Wir brauchen keinen neuen Gott. Unsere Götter haben uns immer geholfen. Du bringst Unglück über uns«, ihr Vater klagte sie an. Die ganzen sechs Wochen, die ihre Ferien dauerten, sperrten die Eltern Krupa in einem fensterlosen Raum ein. »Entweder wir oder dein Gott Jesus«, stellten sie sie vor die Entscheidung. Doch Krupa blieb fest in ihrem Vertrauen auf Jesus. Schließlich warfen sie ihre Eltern aus dem Haus. Ihr Vater schlug sie hart mit dem Stock: »Ich werde dir diesen Jesus austreiben!«, schrie er. Krupa aber blieb fest. »Verlasse unser Haus. Du bist nicht mehr unsere Tochter. Komm nie mehr zurück, außer du sagst diesem Jesus ab.« Der Bruch war endgültig.

Krupa war ausgestoßen. Sie kehrte nach Gudem zurück, obwohl sie dort nicht mehr in ihre alte Schule konnte. Die Eltern bezahlten kein Schulgeld mehr und hatten sie abgemeldet. Sie lebte am Rand des Kinderheims und ihre alten Freundinnen aus dem Heim steckten ihr immer wieder Nahrungsmittel zu. Schließlich erkannte Ranga, die Leiterin des Heimes, die Situation. Sie ließ die verängstigte Krupa holen und sprach mit ihr. Dabei war sie sehr erstaunt über den Glaubensmut des Mädchens. »Hier kannst du nicht bleiben«, meinte sie, »das ist zu gefährlich. Deine Eltern sind zu Bösem fähig.« Sie sprach mit Bischof Singh und so kam Krupa in das Mädchendorf der Nethanja-Kirche in Vishakapatnam. Dort wurde ihr auch der weitere Schulbesuch ermöglicht. »Ich bin völlig ausgestoßen aus meiner Familie«, sagte Krupa zu Bischof Singh, »aber ich bin bei euch völlig daheim. Ich habe hier in der Jesusfamilie eine neue Heimat.« Jeden Tag betet Krupa, dass auch ihre Eltern zum Glauben an Jesus finden.

Durch Jesuslieder zum Glauben gekommen –
Aus Hemalata wird Beulah

Hemalata ist erst 24, doch sie ist bereits »Mutter« von 20 Mädchen – Hemalata ist eine der Betreuerinnen im Mädchendorf in Rajamundry. Wie vier weitere »Mütter« sorgt sie für die Mädchen einer Wohngruppe. Sie sorgt dafür, dass sie morgens rechtzeitig zur Schule kommen, sie verteilt das Essen aus der Küche und sie hilft mit, Kleider und Schuluniformen sauber zu halten. Sie hilft bei Hausaufgaben und Heimweh und hat Pflaster für verwundete Finger und eine Pinzette, um Dornen aus den Fußsohlen zu holen. Hemalata ist eine gute Mutter für »ihre« Mädchen und sie singt viel mit ihnen. Das hängt damit zusammen, dass das Singen und christliche Lieder für sie selbst etwas entscheidend Wichtiges gewesen sind. So erzählte sie von ihrem Weg zum Glauben:

Ich komme aus einer strenggläubigen Hindufamilie.

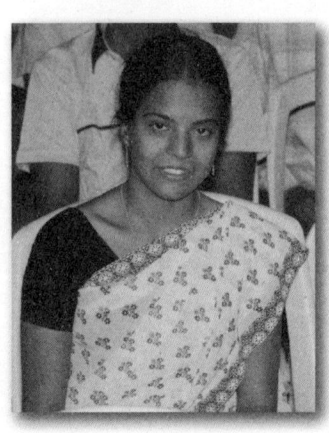

Hemalata/Beulah

Ge-genüber unserem Haus, in dem ich aufgewachsen bin, war eine kleine Kirche. Dort wurde viel ge-sungen und ich habe die Lieder gerne gehört. Meine Eltern hätten es nie erlaubt, dass ich in diese Kirche gehe, aber wenn sie nicht da waren, bin ich heimlich hingegangen, ich habe sogar im Chor mitgesungen! Durch die Lieder hat mein Jesusglaube angefangen. Von den Predigten habe ich erst nicht viel verstanden, aber die Lieder, die haben mein Herz erreicht und berührt. Es sind vielleicht nicht sehr kunstvolle Lieder, aber es sind Lieder, die von Jesus erzählen und von seiner Liebe und von seiner Hingabe und durch die Melodien haben die Worte dieser Lieder in mein Herz gefunden. Irgendwie berühren mich Töne mehr als Worte. Ich war noch ein Kind, doch die Jesuslieder sind mir gute Begleiter geworden. Ich habe sie alle auswendig gelernt«.

Hemalata gebrauchte hier den schönen englischen Ausdruck » I learnt them all by heart«, denn auf Englisch heißt »auswendig lernen« »to learn by heart«, also »mit dem Herzen lernen/inwendig lernen« – was ja viel zutreffender ist. Darum geht's ja beim »auswendig lernen«, dass wir Nährendes für unser Innerstes, unser Herz, unseren inneren Menschen aufnehmen.

Tanzen ist wichtig in der indischen Kultur.
Auch daran sollen unsere Kinder teilhaben.

Sie fuhr fort zu erzählen: »Als ich etwa zwölf war, ist mein Vater gestorben, es war sehr schwer für meine Mutter, meine ältere Schwester und mich durchzubringen. Trotzdem konnte ich zur Schule gehen bis zur 12. Klasse. Doch dann sollte meine ältere Schwester verheiratet werden und in Indien ist es noch immer so, dass die Familie des Mädchens viel dowry (Brautgeld, Mitgift) bezahlen muss. Ich konnte unter diesen Umständen nicht aufs Collgege gehen, sondern sollte selber Geld verdienen.

Ich habe erfahren, dass die Shalom-Ministries (so heißt der Zweig der Nethanja-Kirche hier in Rajamundry) Betreu-

89

erinnen für ihr Mädchendorf suchen und dazu keinen College-Abschluss verlangen. Ich habe mich dafür beworben, denn das hieß für mich ja auch wieder Anschluss an eine christliche Gemeinde zu haben und Jesuslieder singen zu können. Als meine Verwandten davon erfuhren, waren sie ganz dagegen, meine Onkel, die viel über uns Mädchen ohne Vater zu bestimmen haben, verboten es rundweg, dass ich bei den Christen arbeite.

Doch dann hat mir wieder die Musik weitergeholfen. Diesmal waren es jedoch nicht Jesuslieder, sondern indische Musik und das kam so: Ein entfernter Verwandter von uns war in der Nethanja-Highschool angestellt, um traditionelle indische Tänze zu unterrichten. Denn in dieser Schule wird nicht nur Wert auf guten Unterricht gelegt, sondern auch auf Sport und Vermittlung von indischer Kultur. Dieser Verwandte hat sehr gut über die Arbeit der Shalom Ministries gesprochen, das hat meine Onkel umgestimmt und sie erlaubten, dass ich mich für die Stelle bewerben durfte.

Das war vor vier Jahren, Pratap und Sunitha, die Leiter hier, haben mich angestellt und seither arbeite ich hier. Ich singe immer noch gerne und ich singe auch viel mit »meinen« Mädchen. Letztes Jahr habe ich mich taufen lassen – ich habe dabei auch einen neuen Namen bekommen, ich heiße jetzt Beulah[2], das ist ein Name, der beim Propheten Jesaja (Kapitel 62,4) vorkommt und »Braut, Ehefrau, geliebte Frau« heißt.

---

2 »Beulah« ist im englischen Sprachraum ein Eigenname geworden. In Jesaja 62,4 (Übersetzung nach Elberfelder) findet sich der Begriff »Verheiratete«.

Wir freuen uns, dass Beulah so gut für uns sorgt und mit uns singt.

Meine Mutter und alle meine Verwandten haben den Kontakt zu mir abgebrochen, als sie erfahren haben, dass ich mich habe taufen lassen. Ich habe keine Familie mehr, doch ich habe die Gemeinde und meine Mädchen. Die sind jetzt meine Familie. Und auch in meiner leiblichen Familie verändert sich etwas: Meine Schwester ist verheiratet, aber fünf Jahre lang hat sie kein Kind bekommen. Ich habe ihr gesagt, sie soll zu Jesus beten und fasten. Er wird helfen. Sie hat es gemacht und sie hat ein Kind bekommen. Das hat ihre Einstellung zum Glauben an Jesus und auch zu mir sehr verändert. Wir sind uns wieder nahegekommen und sie ist auf dem Weg zum Glauben. Doch ihr Mann verbietet es. Sie kann nur heimlich glauben. Doch unser Herr Jesus ist stark, er kann noch mehr verändern in unserer Familie – und es gibt ja immer noch die Lieder, vielleicht erreicht deren Kraft einmal auch den Rest unserer Familie. Ich bete darum«.

Seva Nagar:
Ein Slum – und ein heiliger Ort

Ich weiß nicht, wie Sie sich einen heiligen Ort oder Heiliges überhaupt vorstellen. Wahrscheinlich als einen Ort voller Licht und Glanz und Stille und voller Schönheit Gottes. Vielleicht denken Sie an einen überragenden Berggipfel oder an eine hohe Kathedrale oder an eine gesegnete Versammlung oder eine tief bewegende Ansprache oder ein Lied ... Kaum jemand wird beim Stichwort »heilig« an einen Ort wie Seva Nagar denken. Seva Nagar ist ein Slum in der indischen Millionenstadt Visakhapatnam. Es ist ein Ort mit Lehmhütten und Holzverschlägen und Dächern aus Plastikplanen, ein Ort ohne fließendes Wasser, ohne Abwassersystem und ohne Toiletten. Etwa 2000 Menschen – vielleicht sind es auch 3000 – wohnen hier auf der Fläche von vier Fußballfeldern. Manche sind entstellt von Polio oder Lepra, viele sind mit HIV infiziert.

Seva Nagar heißt übersetzt »Stadt des Dienstes« und das ist ein sehr passender Name, denn dies ist ein Ort der Diener, der Sklaven, der Knechte, der Unberührbaren, der Slumdogs. Der Film »Slumdog-Millionär« hätte mit seinen schlimmsten Elends-Szenen auch hier gedreht werden können – nur das Happy End findet hier so gut wie nie statt. Oder vielleicht doch?

Ein Teppich von Lärm liegt von der Hauptstraße her über Seva Nagar: Unablässiges Autohupen und das Motorengedröhn von Bussen und Lastwagen, das Geknatter von Dreiradtaxis und Motorrädern, das schrille Klingeln von Fahrradglocken. Dazu kommt das Hämmern der Sikhs, die am oberen Eingang aus alten Ölfässern Haushaltsgeräte fabrizieren. Sie schaffen es, sogar den Straßenlärm mit ihren Hammerschlägen und zischenden Schweißbrennern zu übertönen. Unaufhörlich, 24 Stunden lang, liegt dieser Lärm über Seva Nagar, nur in einigen wenigen Stunden nach Mitternacht ebbt er etwas ab. Es liegt auch eine Glocke von Gestank über diesem Ort, denn er liegt an einem übel riechenden Abwasserkanal, der vom Geschäftszentrum der Stadt herkommt. In der Monsunzeit tritt er regelmäßig über die Ufer und überschwemmt dann alles mit seiner stinkenden Brühe. Die Luft ist voller übler Gerüche, aber auch voller Ruß, Asche und Abgasen, die einem das Atmen schwer machen.

Die hämmernden Sikhs am Eingang von Seva Nagar

Und Seva Nagar ist voller Leben, es spielt sich in den offenen Hütten und auf den winzigen Plätzen davor ab. Da wird gekocht und gelacht und gelernt. Es wird gewaschen und repariert, es wird auch gestritten. Doch die Gässchen und Wege – man kann nicht zu zweit nebeneinander gehen, so eng sind sie – sind gekehrt und sauber. Nicht das Meer von Plastiktüten, in dem indische Städte versinken, nicht der übliche Unrat, den man einfach auf die Straße vors Haus kippt.

Seva Nagar: In der Monsunzeit ist es noch schwieriger, hier zu leben.

Wenn wir Hilfsprojekte und Gemeinden der Nethanja-Kirche besuchen, erleben wir oft eine Art von Zeitreise mitten hinein in das Leben und den Glauben der ersten Christen und in biblische Zusammenhänge: Da sehen wir Menschen, die zum Glauben an Jesus kommen und sich in Flüssen und Tümpeln taufen lassen, um zu zeigen, wem sie jetzt gehören: Jessu Prabhu – Jesus, dem Herrn. Da lernen wir Menschen kennen, die Gottes Wunder- und Heilungskraft erleben und bezeugen – viele der Geschichten, die wir schon berichtet haben und auch in diesem Büchlein berichten, handeln davon. Und wir kommen mit Menschen in Kontakt, die in Armut und Elend in einem Slum leben wie die Christen in Sheva Nagar und es kommt mir vor, als besuchte ich die Hafenstadt Korinth vor 2000 Jahren. Viele von den ersten Christen dort werden in den Slums der Hafengegend gelebt haben, viele von ihnen lebten unter ähnlichen Umständen wie die hier in Seva Nagar.

Und diese Leute redet der Apostel Paulus in seinen Briefen als »berufene Heilige« an (1. Kor. 1,2). Er nennt sie »Mitbürger der Heiligen und Gottes Hausgenossen« (Eph.2,19). Er bezeichnet sie als »Heilige in Christus«(Phil.1,1).

Und genauso habe ich Seva Nagar als einen Ort der Heiligen erlebt. Nicht wegen der vielen kleinen Götterstandbilder in den Ecken und nicht wegen der drei christlichen Gebetshäuser und der Moschee, die es dort gibt. Seva Nagar ist ein Ort, an dem heilige Menschen leben und ich hatte das Vorrecht, einigen davon zu begegnen und will Ihnen davon erzählen.

Und noch was: Wenn ich was zu bestimmen hätte, würde ich Seva Nagar, dem Ort des Dienstes, einen anderen Namen geben: Parashudha Nagar – Ort der Heiligen.

Die heilige Besenfrau von Seva Nagar

Mit Bischof Singh und dem KNN-Vorsitzenden Dr. Heiko Krimmer bin ich hierhergekommen, Pastor Jesu Das (»Knecht Jesu«) erwartete uns am oberen Eingang des Slums bei den lärmenden Sikhs. Wir folgten ihm durch die engen Gässchen und kamen bald zu einer Gruppe von fünf Frauen, die auf dem kleinen lehmgestampften Vorplatz einer Hütte auf dem Boden saßen. Drei von ihnen hatten Bibeln auf dem Schoß. Sie lasen einander vor. Zwei saßen etwas abseits, auch sie hatten Bibeln auf dem Schoß, können anscheinend aber nicht lesen, denn eine hielt sie verkehrt herum.

Bibellesen auf der Veranda

Es waren Frauen aus unserer dritten Kleinkreditgruppe. Seit drei Jahren wächst dieses Projekt der Hilfe zur Selbsthilfe stetig. Sujata, eine Sozialarbeiterin, betreute die Gruppen.

In einem anderen Slum hat sie ein kleines Büro und einen Gruppenraum, wo regelmäßige Besprechungen, Gruppentreffen und Beratungen stattfinden. Doch die Frauen trafen sich in ihren Kleingruppen auch regelmäßig unter sich. So kamen die Frauen der Seva-Nagar-Gruppe hier auf dieser kleinen Veranda zweimal in der Woche zusammen.

Sie tauschten ihre Berufserfahrungen miteinander aus. Jede von ihnen hatte einen kleinen Kredit von 30-50€ bekommen, um damit ein eigenes kleines Geschäft anzufangen, mit dem sie ihren Lebensunterhalt für sich und ihre Kinder verdienen können. Shanti stellte Besen her und verkaufte sie, da sie jeder Haushalt hier braucht. Hema Latha kauft im Großhandel Chemikalien, mischt Reinigungsmittel daraus und verkauft sie von Tür zu Tür. Kürzlich hatte sie ihre Produktion umgestellt und macht jetzt Kerzen. »Oft gibt es viele Stunden keinen Strom – da brauchen die Leute Kerzen, also mach ich Kerzen, das Geschäft damit geht gut«, erklärte sie. Eine andere betrieb einen kleinen Verkaufskiosk, wieder eine andere hatte ein Handy, mit dem sie eine kleine Kommunikationszentrale im Slum aufgebaut hat, eine weitere hat an einer verkehrsreichen Kreuzung süße Teilchen gebacken, die sie an Schulkinder, Busfahrgäste und Passanten verkauft. Den Gaskocher dazu und die nötigen Schüsseln hat sie von so einem Kredit gekauft und nach zwei Jahren war sie fertig mit der Rückzahlung.

Natürlich gehen diese Geschäfte nicht reibungslos. Viele der Frauen sind HIV-infiziert. In manchen Wochen geht es ihnen schlecht und sie können nicht arbeiten, da ist es gut, wenn die Kolleginnen nach einander schauen und einander helfen. Manchmal gibt es Probleme mit den Slumlords, den Bossen hier, die einen Anteil fordern von allem, was hier verdient wird. Da brauchen die Frauen Fürsprecher und Berater. Meistens aber geht es um ganz einfache Dinge:

Wo bekomme ich die Rohstoffe am günstigsten? In welchen Gegenden gibt es Bedarf für meine Waren? Wer vertritt mich, wenn ich krank bin oder mich um meine Kinder kümmern muss? Was mache ich, wenn mein Mann plötzlich auftaucht und Geld von mir will, obwohl er sich seit Monaten nicht mehr hat blicken lassen und jede Rupie in Schnaps umsetzt, statt für die Kinder zu sorgen? Darüber tauschen sie sich hier auf der Veranda aus und dabei helfen sie sich gegenseitig.

Und um die Bibel miteinander zu lesen waren sie hier. Mitten im Lärm des Slums vor allen Leuten saßen sie da und lasen in der Bibel. »Die Psalmen und den Kolosserbrief lesen wir gerade miteinander«, sagten sie. »Mit der Bibel haben wir Lesen gelernt. Es ist gut fürs Geschäft, lesen zu können – und es ist gut fürs Herz, sich in die Bibel zu vertiefen«.

»Manchi Kapari – Der Herr ist mein Hirte«, das ist meine Lieblingsstelle sagte eine. Eine andere zitierte aus Kolosser 2 »›Er hat den Schuldbrief getilgt, der mit seinen Forderungen gegen uns war‹ ... – Hey, ich weiß, was Schulden und Schuldbriefe sind! Ich hatte so viel Schuldzettel vom Geldverleiher, dass ich meine Hütte hätte damit tapezieren können. Und jetzt bin ich schuldenfrei«, lacht sie. »Dank meiner Besenfabrikation hab ich keine Schulden mehr und weil die Sujata dem Geldverleiher ordentlich eingeheizt hat, dass er zugeben musste, dass er die Zettel sogar gefälscht hatte.« Aber sie erzählte noch mehr: »Nicht bloß den Geldverleiher bin ich jetzt los – ich hab erlebt, was Vergebung bedeutet, dass Jesus mich erlöst und freigesprochen hat – ich hab ein ganz neues Leben gefunden – ohne Schulden und ohne Schuld.« Und eine weitere ergänzte: »Unseren beiden Schwestern, die noch nicht lesen können, denen bringen wir es auch bei, ein Lesebuch, die Bibel haben sie ja schon«.

Wir beteten mit ihnen und segneten sie, die in ihren ärmlichen Saris im Staub von Seva Nagar auf dem Boden saßen und ihre Bibel lasen und sich übers Besenmachen und Kuchenbacken und den Verkauf von Haushaltsartikeln unterhalten und wie sie ihr Leben gestalten und für ihre Kinder sorgen können. Heilige habe ich mir immer anders vorgestellt, aber Menschen, die an einem Ort wie diesem sich zusammenfinden, um ihr Leben und die Bibel miteinander zu teilen, das sind wohl die Heili-

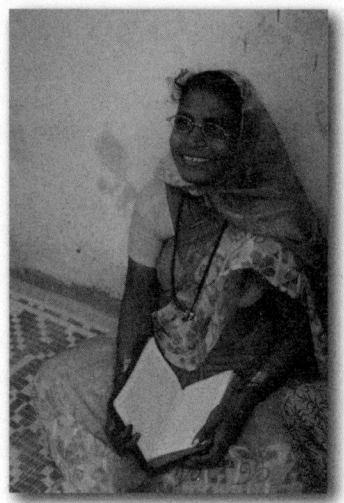

Bibellesen im Slum

gen, die Paulus gemeint und so genannt hat. So werden sie damals in Korinth auch vor ihren Hütten im üblen Hafenviertel gesessen haben– doch sie haben das Leben und den Glauben miteinander geteilt und deshalb redet sie Paulus so an: »Die Heiligen von Korinth« und ich ergänze in Gedanken: »Und die Heiligen von Seva Nagar, die heilige Besenmacherin, die heilige Handyfrau, die heilige Kerzenmacherin und die heilige Händlerin von Seva Nagar«.

Die heilige Vijaja

Der eigentliche Anlass unseres Besuches in Seva Nagar war Vijaja. Vijaja, die Aids hat und die als Erste eine Nähmaschine durch unser Mikrokreditprogramm bekommen hat. Mit Vijaja hat dieses ganze Unternehmen »Hilfe zur Selbsthilfe durch Kleinkredite« vor drei Jahren angefangen.

Ich erinnere mich noch an unsere erste Begegnung: Pastor Jesu Das und Bischof Singh hatten mich mitgenommen, um mir die Not der Aidskranken in Seva Nagar zu zeigen. Ich lernte viele Menschen kennen, für die die Mitarbeiter der Nethanja-Kirche ein Speisungsprogramm organisiert hatten. Sie brachten regelmäßig Reis und Öl und Gemüse, stärkende Vitamine und Medizin gegen Erkältungen und Schmerzen. Und sie halfen auch, dass die Leute von Seva Nagar in der staatlichen Klinik untersucht wurden und die lebensverlängernden Medikamente bekamen und dass sie diese auch regelmäßig einnahmen. Mehr konnten sie nicht tun – aber das war für viele hier sehr viel. Mit ihren eigenen bescheidenen Mitteln hatten die Christen der Nethanja-Kirche mit dieser Hilfsaktion begonnen und baten nun uns, mitzuhelfen. Ich war erschüttert. Nach einem Rundgang von zwei Stunden hatte ich so viel Not und Elend gesehen, wie sonst nicht in zwei Jahren.

Eine der ersten Hütten damals war die von Vijaja. Sie erzählte von der Krankheit und auch, dass sie jetzt endlich die ART-Mittel (Antiretrovirale Behandlung) bekommt. Ihr Mann hatte sie verlassen, Wamsi, der Dreijährige war bei ihr, ihre Tochter Nila Veni hatte er mitgenommen, sie weiß nicht, wo sie sind, er schaute schon lange nicht mehr hier vorbei.

Vijaja bedankte sich sehr für die Nahrungsmittel, die sie von der Kirche bekommt. Ich fragte sie, ob sie noch arbeiten könne. »Ja«, sagte sie, »aber ich finde keine Arbeit, ich habe doch die Krankheit. « Aids ist nicht nur eine tödlich verlaufende ›Infektionskrankheit‹, Aids ist auch eine soziale Krankheit, sie macht die Betroffenen zu Außenseitern, stigmatisiert und isoliert sie. Ich begann, ihr Vorschläge zu machen, was sie tun könnte, doch sie sagte immer nur, dass das nicht funktionieren werde »weil ich die Krankheit habe«. Es ist so aussichtslos und mir geht es wie den Mitarbeitern der Kirche: im Grunde sind wir sehr hilflose Helfer mit den paar Lebensmitteln und Medikamenten, die doch nicht heilen können.

Bevor wir damals wieder aus Seva Nagar weggingen, bat ich Singh, nochmals bei Vijaja vorbeizuschauen. Denn mir war das mit der Arbeit für sie nicht mehr aus dem Kopf gegangen. Ich hatte ein Buch über Mohammed Yunnus, den »Bankier der Armen« gelesen, der in Bangladesch ein großes Programm mit »Mikrokrediten« aufgebaut hat. Und ich erinnerte mich an einen Grundsatz, den ich dort gelesen hatte: »Auch die Ärmsten der Armen haben Fähigkeiten, hilf ihnen, die zu entdecken und zu fördern. Frag den Armen nicht zuerst, was er brauchte, frag ihn, was er kann. Mach ihn nicht zu einem Almosenempfänger, sondern sieh ihn als Gegenüber an mit eigenen Fähigkeiten und mit eigener Würde«.

Und so fragte ich Vijaja beim zweiten Besuch an diesem Tag: »Vijaja, was können Sie?« Prompt antwortete sie: »Ich kann nähen.« »Ich nähe Hosen und Hemden für meinen Jungen und die Kinder in der Nachbarschaft.« »Könnten Sie dabei Unterstützung brauchen?«, fragte ich. »Ja, wenn ich eine Nähmaschine hätte, könnte ich viel mehr Hosen, Hemden und Kleider nähen.«

Sie bekam einen Kredit für eine Nähmaschine. Selber Geld zu verdienen war unendlich wichtig für sie. Wieder selber für Wamsi sorgen zu können, wieder auf eigenen Beinen zu stehen, hat ihr wieder Würde gegeben. Sogar ihr Mann ist wieder zurückgekommen und sie lebten wieder als kleine Familie miteinander. Bei einem späteren Besuch hat sie ihn mir vorgestellt und gestrahlt.

Nun habe ich von Sujata, unserer Sozialarbeiterin, gehört, dass sie die letzten Raten nicht mehr zurückzahlen konnte, weil sie nicht mehr nähen kann. Ihre Krankheit hat sie geschwächt und niemand weiß, ob sie sich noch einmal erholen wird. Ich möchte Vijaja noch einmal besuchen.

Vijajas Hütte lagt direkt am Kanal, von der rückwärtigen Tür konnte man ihn sehen – und riechen. Diesmal stand Vijaja nicht in der offenen Tür, drinnen wartete sie und ließ uns eintreten. Sie war allein. Ja, sie habe viel Schmerzen, sagt sie und Singh übersetzte uns ihre Leidensgeschichte. Eigentlich brauchte es keine Übersetzung – wir sahen, wie schlecht es ihr ging: Sie hatte jetzt mit den Nebenwirkungen der ART-Tabletten zu kämpfen. Fast unerträgliche Schmerzen in den Beinen. Jeder Schritt fiel ihr schwer. Ich bat sie, sich doch zu setzen, Singh musste ihr gut zureden, bis sie

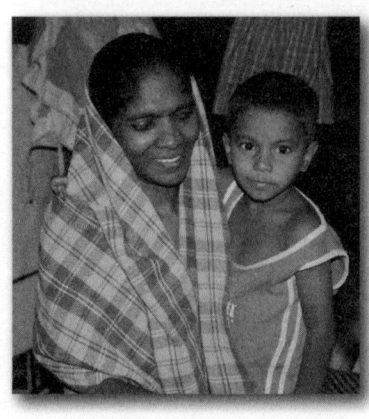

Vijaja und Wamsi

es tat. »Wie geht es Ihrem Mann, Ihren Kindern?«, fragte ich weiter. Ein trauriger Blick: »Mein Mann ist wieder weggegangen, er hat jetzt eine andere Frau, die selber Kinder hat« – doch jetzt war ihr Blick tränenverschleiert: Er ist weggegangen. »Und Ihre Kinder?«, fragte ich weiter. »Sie gehen zur Schule«, sagte sie und ihr Blick wird wieder klar: »Wamsi ist jetzt fünf, er geht schon in den Kindergarten« – und wie aufs Stichwort kam der Kleine zur Tür hereingestürmt und hängte sich an seine Mutter. »Nila Veni ist acht, sie ist in der dritten Klasse, sie lernt gut«, sagte Vijaja – unausgesprochen aber unüberhörbar hieng die Sorge um die Kinder im Raum. »Wovon leben Sie jetzt?« »Ich bekomme durch den Aigaru (die höfliche Anrede für Bischof Singh) und den Pastor Reis und Öl und Vitamine. Wir können davon leben. Und ich hoffe, auch wieder nähen zu können.«

»Sonntags gehe ich jetzt zur Gemeinde«, fügte sie an. Ich war sprachlos – über den Glauben und die Gemeinde hier hatten wir nie miteinander gesprochen, das war nie ein Thema, geschweige denn eine Bedingung zur Hilfe. Sie wiederholte: »Und sonntags gehe ich jetzt zur Gemeinde, dort geht es mir gut, dort finde ich Ruhe.« Wir schwiegen miteinander und wir alle waren den Tränen nahe. Wir beteten mit Vijaja und segneten Sie. Dann verabschiedeten wir uns voneinander. Ich wollte sie so gerne in den Arm nehmen, aber ich traute mich nicht – nicht aus Angst vor Ansteckung – sondern weil sie so zerbrechlich dastand, Vijaja, deren Körper sich kaum noch wehren konnte gegen das Virus und die sich rührend um ihre beiden Kleinen kümmerte und die jetzt sonntags zur Gemeinde ging, weil ihr das guttat und sie dort Ruhe fand. Auch eine Heilige in Seva Nagar, für mich ist sie die heilige Vijaja.

Pastor Jesu Das –
der Heiligenpfleger von Seva Nagar

Pastor Jesu Das (Knecht Jesu) ist ärmlich gekleidet, er hat von Polio verkrümmte Beine und schrecklich hervorstehende Zähne. Er hat einen Stock bei sich, an dem er sich voranschwingt, gehen kann er eigentlich nicht. Er ist der Pastor der Nethanja-Gemeinde hier und führte uns zu seiner Kirche. Sie ist so groß wie unser Wohnzimmer, davon abgetrennt ist ein Zimmer, das »Pfarrhaus«, in dem er mit seiner Familie lebt. Doch die Kirche hat feste Mauern und ein gutes Dach und sogar Strom – wo immer der herkommt. Jesu Das hat als einer der Ersten in den 8oer Jahren unsere Bibelschule, das Visakha-Bible-College besucht und dann ganz alleine diese Gemeinde mitten im Slum von Seva Nagar aufgebaut. Als ihm andere Christen Schwierigkeiten machten und ihm wegen seiner Behinderung die Leitung der Gemeinde wegnehmen wollten, wandte er sich um Hilfe an Bischof Singh und kam mit seiner Gemeinde unter das Dach der Nethanja-Kirche.

Pastor Jesu Das

Das Erste, was ich in dieser Kirche sah, war ein großes weißes Blatt an der Stirnseite, über und über mit blauem Filzstift beschrieben. Das meiste in Telugu-buchstaben, die ich immer noch nicht lesen konnte, aber ein paar Worte waren auch auf Englisch: »K. R. Singh, bishop« stand oben, weiter unten »Foster Pastor Jesu

Das«. »Foster« heißt auf Englisch »Pfleger«, so nennt und versteht er sich also. Bei uns war das früher auch ein Amt in der Kirche: Der »Heiligenpfleger«, das war der, der für die Armenfürsorge, die Vorstufe unserer heutigen Diakonie, zuständig war.

Alles andere auf der Liste schienen auch Namen zu sein. »Das ist unsere Gebetsliste«, erklärte er. Jeden Freitag beten wir für alle diese Menschen. Später entzifferte ich noch ein weiteres englisches Wort auf der Liste: »3-wheeler for Jesu Das« – einen Dreiradroller für Jesu

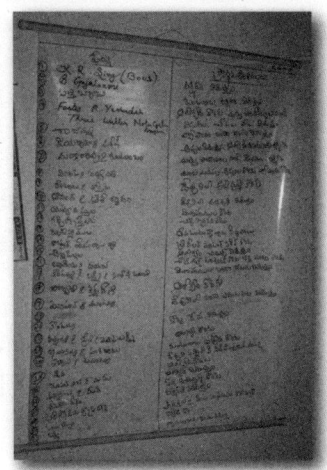

Die Gebetsliste

Das, den poliogekrümmten Pfleger der Heiligen von Seva Nagar, dass er leichter in die Stadt und in die andere Gemeinde kommt, die er bereits gegründet hat.

Was für eine Kirche! Kein Altar, kein Bild an der Wand, keine Bank, kein Stuhl – aber eine quadratmetergroße Gebetsliste an der Wand. Und ein Pastor, der schwer körperbehindert ist und der sich auf die Gebetsliste seiner Gemeinde setzen lässt und sich den Begriff »Pfleger« als Amtsbezeichnung ausgewählt hat. Keine Kathedrale kann sich damit messen!

Ein junger Mann kam zur Tür herein. Jesu Das stellte ihn vor und seine Worte sprudelten geradezu heraus aus ihm, um all das zu erzählen, was sie durchs Gebet erlebt haben: »Das ist Anand, er und seine Familie stehen auch auf der Liste. Anand, sag' selbst, wie es dir geht!«

Anands Augen leuchteten. »Seit hier für mich gebetet wird, habe ich Klarheit bekommen. Ich wusste nicht, wie mein Leben weitergehen soll, ich war ziellos, was soll man in Seva Nagar auch für Ziele haben können? Doch mit Jesu Hilfe sehe ich wieder einen Weg für mich: Ich werde lernen, ich will einen Beruf lernen, der den Menschen dient.« Und mit Menschen wie Anand bekommt der Name Seva Nagar einen neuen Sinn: Stadt des Dienstes. Nicht Frondienst und Sklavendienst, nicht Dienst, der dem Kampf ums eigene Überleben dient, sondern Dienst für andere, Gottesdienst![3]

Kaum, dass Anand fertig ist, sprudelte Jesu Das weiter: »In Chellaka Petta, dem Slum dort hinten, haben wir jetzt auch eine Gemeinde. Eine Kirche haben wir noch nicht, aber wir sind schon dreißig Familien und treffen uns am Kanal, wo es ein wenig Platz hat. Leider riecht es sehr unangenehm, doch für den Anfang geht's!« Dann fuhr er fort: »Singh Aigaru, ich möchte Dich um etwas bitten: Ich bitte Dich nicht um Geld, ich bitte Dich, dass Du im Mai zu uns kommst. Wir wollen hier in Seva Nagar eine Evangelisation halten. Wirst Du an einem Abend kommen, um zu predigen und uns Gottes Wort zu bringen?«

Bischof Singh wird oft zu großen Evangelisationen eingeladen, um vor Tausenden von Menschen zu sprechen. Er hat eine große Gabe, den Menschen das Evangelium von Jesus ins Herz zu sagen. Er hält auch zweimal in der Woche eine Predigt im Fernsehen und erreicht Zehntausende damit. Die Nethanja-Kirche hat ein »Gebets- und Seelsorgezentrum« eingerichtet, um all die Anfragen und Bitten beantworten zu können, die nach diesen Sendungen kommen. »Ja, ich werde nach Seva Nagar kommen«, sagte Singh. Jesu Das strahlte und, wenn seine verkrüppelten Füße es erlaubt hätten, hätte er zu tanzen angefangen. Im Mai war die Evangelisation und Bischof Singh war dort. Es war unerträglich heiß, noch am Abend hatte es fast

---

3 Siehe auch »Der rettende Messerstich« S. 23 ff

40 Grad – doch es war eine heilige Versammlung, in der Menschen vom Evangelium berührt worden sind mitten im Slum von Seva Nagar.

Im Mai konnte ich übrigens das Geld für einen 3-wheeler für Jesu Das überweisen, eine Missionsfreundin hat ihm den geschenkt. Noch eine Gebetserhörung, die auf der Liste vermerkt wird und dort eine Zeit lang als Dank-Stelle für den Freitagabend stehen bleibt.

Teilhaben am Leiden der Christen in Orissa – Was dort geschehen ist

Am 24. August 2008 wurde der Hinduführer Swami Laxman-anda Saraswati ermordet, die Naxalites, eine maoistische Terrorgruppe, hat die Verantwortung dafür übernommen – doch der Hass und die Wut richtete sich gegen die Christen. In der Nacht des 28. August drangen radikale militante Gruppen der RSS (Gott Schiwas Armee) in Christendörfer ein und begannen ein Morden und Brennen. Die Bewaffneten stürmten die christlichen Siedlungen, töteten wahllos Menschen, zerstörten Häuser und Kirchen, verbrannten Bibeln. Insgesamt waren 30 000 Christen von dieser Verfolgungswelle betroffen. Viele versteckten sich tagelang in den Wäldern, Hunderte verloren ihr Leben und viele tragen noch die Narben schwerer Verwundungen an ihrem Körper – und bei noch mehr sind die Spuren seelischer Verwundung und Traumatisierung in ihren Gesichtern zu lesen. Einige von ihnen flohen über die Grenze bis in den relativ sicheren Nachbarstaat Andhra Pradesh und fanden in Nethanja-Einrichtungen für ein Jahr Schutz und Hilfe. Im August 2009 sind sie wieder in ihre Heimatdörfer zurückgekehrt.

Die Nethanja-Kirche hält weiter Verbindungen zu ihnen. Bischof Singh hat sie mehrfach besucht, er möchte diese Christen in ihrem äußeren und mehr noch bei ihrem geistlichen Wiederaufbau unterstützen. Er hat uns vom »Kinderheim Nethanja Narsapur/Christliche Mission Indien« und auch die Ev. Landeskirche Württemberg um Hilfe bei diesen Vorhaben gebeten. Am 12. Januar 2010 ist er mit uns, Heiko Krimmer und Reinhold Rückle, vom Vorstand der KNN CMI nach Orissa gefahren. 14 Stunden Autofahrt, um drei Stunden Besuche dort zu machen – doch diese drei Stunden wurden zu den wichtigsten und bewegendsten unserer langjährigen Besuche in Indien:

Die zerstörte Kirche von Majumaha

Eine schmale Passstraße windet sich von der Ebene hinauf in den Kandhamal Distrikt in den Bergen der Eastern Ghats im indischen Bundesstaat Orissa. Viel Wald, kleine Dörfer, abseits der Verbindungsstraße nur Fußpfade und holprige Staubstraßen. Es ist eine friedliche und schöne Landschaft, in die wir hineinfuhren – und doch lag darüber der dunkle Schatten der Verfolgungen im August 2008. Wir kamen an vielen zerstörten Kirchen und Häusern vorbei und wollten drei Dörfer besuchen, um die Christen dort zu treffen.

Teilhaben am Leiden der Christen in Orissa – Majumaha

Die Kirche in Majumaha ist völlig zerstört und verbrannt, nur die Eingangsfassade steht noch, und auch die über 30 Christenhäuser dieses Dorfes liegen alle in Trümmern. Die Christen dort erwarteten uns und nahmen uns mit hinein in die Zelte, in denen bis zu vier Familien leben, und dann versammelten sie sich auf einem frei geräumten Platz zwischen den Trümmern und erzählten:

Es ist ihnen bisher verboten, Kirche und Häuser wieder aufzubauen. Sie bekommen als Kulis keine Arbeit mehr auf den Feldern. Allein vom Wald können sie mühsam leben: Sie sammeln Brennholz und aus Teakblättern machen sie die traditionellen Teller. Sie können keinen Kontakt zu ihren Hindunachbarn aufnehmen, denn deren Leiter belegen ihre eigenen Leute mit hohen Geldstrafen, wenn sie mit Christen auch nur sprechen. Sie mussten sogar einen eigenen Zugangsweg bauen, denn das Nachbardorf dürfen sie nicht mehr betreten, die dortigen Hindus sind absolut feindselig und stolz darauf, ein »christenfreies« Dorf zu sein. Die Christen in Majumaha sehen kaum eine Chance, ihr altes Dorf wieder aufzubauen, sie denken an eine Neuansiedlung an anderer Stelle aber wo und wie? Staatliche Stellen lassen sie völlig im Stich, auch der Polizeischutz, den sie am Anfang hatten, ist abgezogen worden.

Der Hindutempel des Nachbardorfes liegt in Sichtweite. Mit einem kleinen Opfer dort könnten sie ihre Lebensumstände mit einem Schlag verändern – doch sie bleiben Christen und leben im langen Schatten der Ereignisse von damals. Wir beteten mit ihnen, versuchten ihnen Worte der Ermutigung und des Trostes zu sagen und ließen ihnen eine kleine Solarlampe da als Zeichen der Hoffnung, dass sie sich weiter dem Licht Gottes zuwenden und nicht dem Dunkel der Verbitterung und des Hasses Raum geben. Unsere Worte reichten nicht weit, vielleicht war das Weinen mit ihnen das Wichtigste, was wir ihnen dalassen konnten.

Als wir weitergingen, steckte uns jemand einen Zettel zu. Wir nahmen ihn, denn es ist üblich, dass bei solchen Gelegenheiten Bitten um Hilfe aufgeschrieben und Besuchern mitgegeben werden. Doch unser Erstaunen war groß, als wir den Zettel lasen: Nur Namen standen drauf: Sabush Najak, Jotsna Najak, Mihir Najak, Ladukisaver Digal, Mita Digal, … alle 34 Namen der Christenfamilien von Majumaha. Ihre Namen gaben sie uns mit. Sie nicht zu vergessen war die einzige Bitte, die sie uns mitgaben.

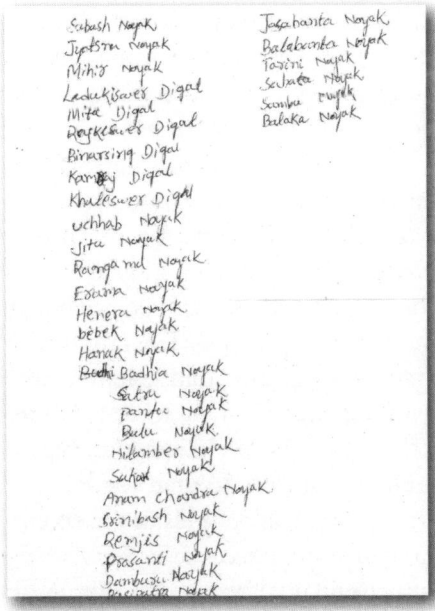

Die Namensliste

Teilhaben am Leiden der Christen in Orissa – Banda Baju und Bisirama

In Banda Baju, dem nächsten Dorf, erwartete uns auch eine Gemeinde. Pastoren aus verschiedenen Freikirchen und auch ein Pastor der Church of North India war dabei. Die Christen hier sind in unterschiedlichen Kirchen organisiert, doch die Not hat sie auch näher zueinander geführt. Die Situation hier ist ein wenig besser: Ihre Häuser sind nicht ganz so schwer zerstört worden und auch Kirche und Pfarrhaus konnten sie schon wieder ganz aufbauen. Doch sie sagten uns: »Häuser kann man wieder aufbauen – wie aber können die zerstörten Beziehungen zu unseren Nachbarn wieder aufgebaut werden? Früher lebten wir hier gut zusammen. Wir luden uns gegenseitig zu den Festen ein – doch jetzt dürfen sie nicht mal mehr mit uns reden!«

Versöhnungsarbeit ist genauso nötig, wie Bauarbeiten an Gebäuden. Eine Lösung dazu haben sie nicht und wir auch nicht. Niemand scheint im Augenblick einen Weg zu wissen. Ob es möglich ist, von außen her Gespräche anzuregen und dazu Hilfen zu geben? Ob es einen Weg zur Versöhnung über die Frauen gibt? Oder über die Kinder – vielleicht mit dem Angebot von Schulen, in denen nicht nur Buchstaben und Zahlen, sondern auch Verständnis und Versöhnung gelehrt und gelernt werden könnte? Oder mit dem Angebot medizinischer Hilfen für Christen und Hindus? Besonders solche Versöhnungsprojekte liegen uns am Herzen und wir freuten uns sehr darüber, dass unsere württembergische Landeskirche solche Vorhaben großzügig mit 20 000 € unterstützt. Seit Anfang 2010 sind weitere Häuser und Kirchen wieder aufgebaut worden, im Sommer 2010 hat die mobile Bibelschule, die »Friedensschule« für Kinder und der medizinische Dienst für Hindus und Christen die Arbeit aufgenommen, wir sind gespannt, wie diese Hilfen angenommen werden und was sie bewirken.

Orissa Friedensschule

Bisirama war die dritte Station. Schon als wir aus dem Auto stiegen, sahen wir Anidha mit ihrer behinderten Tochter Simathi auf dem Arm und Chanchala, deren Mann und Sohn getötet wurden, und die beiden Frauen mit den Stammestätowierungen im Gesicht und einige der Gemeindeleiter. Wir hatten sie vor einem Jahr in den Notquartieren der Nethanja-Kirche getroffen und ihre Geschichten gehört und mit ihnen geweint. Anidha mit ihrem unendlich traurigen Gesicht damals haben wir nicht vergessen. Die Ermordung ihres Mannes vor ihren Augen, die Strapazen der Flucht und die Sorge um ihr Kind, das hatte sie wie versteinert – und jetzt stand sie hier an der Straße und ihre Augen leuch-

teten und sie strahlte und Simathi, der wir nie ein Lächeln
entlocken konnten, lachte auf ihrem Arm. Wir erlebten,
dass ein Besuch, ein persönliches Anteilnehmen tatsächlich mehr bedeuten kann als materielle Hilfe. Anidha sagte:
»Dass Singh schon mehrmals gekommen ist, dass ihr heute
zu uns gekommen seid, das ist eine große Stärkung und ein
großer Trost«.

Anidha und Simathi (in der Mitte), Lilima ganz rechts

In der Kirche versammelten wir uns zur Begegnung, zum Gebet und um ein Gotteswort, das wir miteinander teilten. Die
Frauen saßen wie üblich auf der linken Seite auf dem Boden,
die Männer auf der rechten Seite. Unter den Frauen war Lilima Najak. Sie arbeitet als Bibelfrau und sie möchte für ihren
Dienst dazu lernen. Unter den Männern saßen elf »inde-
pendent pastors«, die ebenfalls Zurüstung für ihren Dienst
brauchten. Sie fühlten sich überfordert in dieser schwierigen
Situation und spürten, wie sie an Grenzen kamen. Für sie

plant Bischof Singh eine »mobile Bibelschule«: In den wieder aufgebauten Kirchen sollen an verschiedenen Orten Sechswochenkurse als geistliche Fortbildung vor allem in der Seelsorge angeboten werden, damit sie ihre Gemeinden wieder versammeln und trösten und leiten können. Hier sollen also neben dem Aufbau der Gebäude die Stärkung und das Training der Gemeindeleiter geschehen. Die missionarischen Christen der Freikirchen sind besonders schwer betroffen, da sie keine Hilfe von anderswo

Kreuz und Stern

haben, hat die Nethanja-Kirche über die Denominationsgrenzen hinweg sich ihrer besonders angenommen.

In Bisirama wohnen sie noch immer in Zelten, doch ihre schwer beschädigte Kirche haben sie wieder aufgebaut. Das halb zerstörte Kreuz über dem Eingang, aus dem Baustahlteile wie ein Gerippe ragen, haben sie so gelassen, doch daneben hängten sie einen beleuchteten Stern wie über alle Christenhäuser in der Weihnachtszeit. Auch über ihren Zelten und Notunterkünften leuchteten diese Sterne. Die Wunden des schrecklichen August 2008 sind noch längst nicht verheilt – und doch leuchteten wieder Weihnachtssterne.

Bischof Singh sprach zum Abschied von Vergebung und Versöhnung – und da fiel uns auf, dass wir diesen ganzen Nachmittag kein Wort des Hasses, der Rache, der Vergeltung und des Unfriedens gehört hatten. Viel Traurigkeit war da, viele Wunden hatten wir gesehen und manchen Schmerz, der nur zu ahnen ist – aber keinen Hass und keine Bitterkeit.

Dagegen erlebten wir eine unendlich große und starke Treue der kleinen Christengemeinden im Kandhamal-Distikt in Orissa.

Die Kinder von der Highschool in Rajamundry winkten uns zum Abschied.

Anhang

Kinderheim Nethanja Narsapur /
Christliche Mission Indien e. V.

Mit dem ersten kleinen Kinderheim, gegründet vor fast 40 Jahren, hat eine Segensgeschichte begonnen, die sich in unserem Namen ausdrückt: NETHANJA, das heißt: GOTT HAT GEGEBEN.

Wir unterstützen mit Hilfe eines Freundeskreises in Deutschland indische Christen in vier Regionen des indischen Bundesstaates Andhra Pradesh, die miteinander in der »Nethanja-Kirche«, einer evangelischen Freikirche, verbunden sind.

Über unser Werk können Sie mehr erfahren:
- im Internet unter www.nethanja-indien.de
- durch unsere vierteljährliche »Nethanja Post«
- weitere Infos bei der KNN/CMI Geschäftstelle, Albrechtstrasse 12, 71093 Weil i. S.
- E-Mail-Adresse: info@nethanja-indien.de

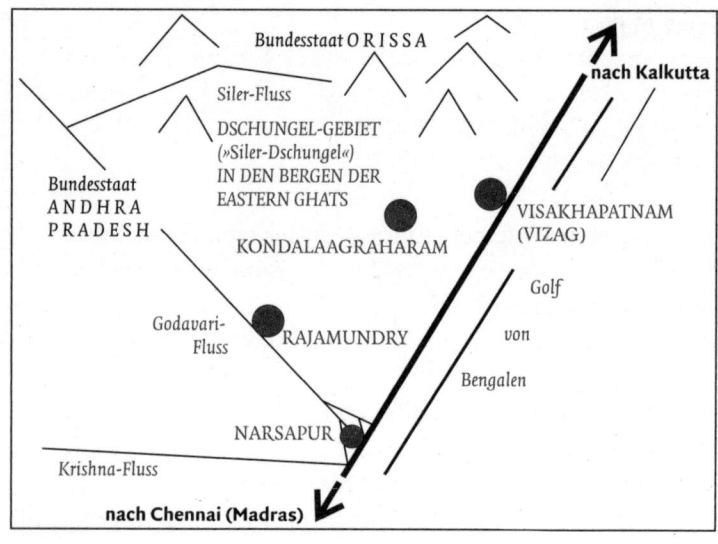

Bundesstaat ORISSA

Siler-Fluss

DSCHUNGEL-GEBIET
(»Siler-Dschungel«)
IN DEN BERGEN DER
EASTERN GHATS

Bundesstaat
ANDHRA
PRADESH

KONDALAAGRAHARAM

VISAKHAPATNAM
(VIZAG)

nach Kalkutta

Golf

Godavari-
Fluss
RAJAMUNDRY

von

Bengalen

NARSAPUR

Krishna-Fluss

nach Chennai (Madras)

1. »United Christian Interior Ministries« (UCIM) in VISAKHAPATNAM (VIZAG)

Am Rand der Millionenstadt Vishakapatnam liegt das Nethanja-Missionszentrum.
Leiter: Bischof Dr. K. R. Singh

Einzelprojekte aus dem Bereich UCIM
Kinderheime:
- Mädchendorf Boya Palem
- Babyhaus Boya Palem
- Bubenkinderheim Paradesipalem
- Bubenheim Sileru
- Kinderheim Gudem
- Bubenheim Polluru
- Kinderheim für Stammeskinder in Gumma

Ausbildung:
- Tagesschulen in abgelegenen Gebieten und im Slum
- Bibelschule
- Evangelistenkurse
- Bäckerei
- Nähschule
- Einzelförderung bei Ausbildung bis zum Studium

Sozialdiakonische Arbeit:
- Sonderprojekt »Dalits« – Hilfen für die Ausgestoßenen
- Krankenversorgung ambulant
- Witwenhilfe
- Mikrokredite für Frauen
- Versorgung einer Leprakolonie
- Blindenwohnheim und – arbeit
- Hilfe nach der Tsunamikatastrophe
- Hilfe in Notfällen und bei Naturkatastrophen

Gemeindeaufbau
- Evangelisation und Pioniermission zur Gemeindegründung
- Missionsrat, Leitungsorgan der Nethanja-Kirche
- Evangelisten und Pastoren und Bibelfrauen
- Bau von Kirchen und Gemeindezentren

2. »Emmanuel Ministries« in Kondalaagraharam

Südwestlich von Vishakapatnam in einer ländlichen Region im Dorf Kondalaagraharam liegt das Missionskrankenhaus der Emmanuel Ministries mit seinen Zweigen.

Leiter Bischof K. R. Jeevan und Dr. K. Nalini

Einzelprojekte aus dem Bereich »Emmanuel Ministries«

Medizinischer Bereich

- Missionskrankenhaus mit zwei Stationen und großer Ambulanz
- Lepraklinik
- TBC-Klinik
- Beratungs- und Therapiezentrum für HIV-Patienten
- Dorfambulanzen
- Gesundheitsaufklärung
- Krankenschwesternschule

Pädagogischer Bereich

- Kinderheime für behinderte und nichtbehinderte Kinder
- Schulen und Werkstätten für behinderte Kinder aus der Umgebung
- Grundschule
- High School
- Lehrerausbildung

Gemeindeaufbau

- Evangelisation und Gemeindegründungen
- Evangelisten, Pastoren, Bibelfrauen
- Bau von Kirchen und Gemeindehäusern

3. »Shalom Ministries« in RAJAMUNDRY

Am Godavari-Fluss in der Stadt Rajamundry liegen unsere dortigen Zentren.

Leitung: Reverend K.S. Pratap und Mrs K. Sunitha

Einzelprojekte aus dem Bereich »Shalom Ministries«
- Mädchenkinderdorf
- Bubenkinderheim
- High School
- Tagesschulen in Dschungeldörfern
- Familienberatungszentrum in der Stadt
- Berufsausbildung für Frauen
- Computerausbildung
- Elektronikausbildung und -werkstatt
- medizinische Dienste im Dschungelgebiet
- Evangelisation und Gemeindeaufbau
- Evangelisten, Pastoren und Bibelfrauen
- nachhaltige Tsunami-Hilfsprojekte
- Hilfen bei Naturkatastrophen und Unglücksfällen

4. »Nethanja Children Home« (NCH) in NARSAPUR

Im Süden an der Küste, im Mündungsdelta der Flüsse Godavari und Krishna liegt der Ursprungsort unserer Arbeit, das Städtchen Narsapur.
Leitung: Mrs K. Kusuma und K. Samuel

Einzelprojekte aus dem Bereich »Nethanja Children Home«
- Kinderheim
- Lehrlingsausbildung (Elektriker, Schweißer, Kfz-Mechaniker)
- Evangelisation und Gemeindeaufbau
- Evangelisten und Bibelfrauen

Heiko Krimmer

Die heilige Kuh in der Kirche

Erlebnisse mit Gott in Indien

Taschenbuch, 12 x 19 cm, 96 S.
Nr. 394.984,
ISBN: 978-3-7751-4984-6

Eine heilige Kuh will den Sonntag heiligen. Mit Diwa zieht der Hirte Radendra dreimal pro Woche von Haus zu Haus. Immer, wenn die Kuh an der kleinen Lehmkirche vorbeikommt, ist sie nicht zum Weitergehen zu bewegen. Sie wird zur regelmäßigen Gottesdienst-Besucherin. Schließlich kommt ihr Besitzer samt Familie zum Glauben an Jesus ... Heiko Krimmer erzählt viele wundersame, ernste und humorvolle Geschichten aus Indien, die das Herz berühren.

Bitte fragen Sie in Ihrer Buchhandlung nach diesem Buch!
Oder schreiben Sie an: SCM Hänssler im SCM-Verlag GmbH & Co. KG,
Max-Eyth-Str. 41, D-71088 Holzgerlingen.

Heiko Krimmer

Der Schlangenbiss zum Leben

Taschenbuch, 12 x 19 cm, 96 S.
Nr. 394.698,
ISBN: 978-3-7751-4698-2

Die Königskobra als Göttin, Blumengirlanden um den Schlangenaltar ... Das ist Kanchedi, ein kleines Dorf in Indien. »Wir brauchen Deinen Gott Jesus nicht. Unsere Götter sind mächtig.« Doch Jesus ist größer als der Schlangengott. Rama, ein junger Mann, wird von einem Schlangenbiss geheilt. Sie und viele andere im Dorf kommen zum Glauben. Diese und viele andere spannende Geschichten nehmen Sie wie ein Augenzeuge mit auf eine bewegende Reise nach Indien.

Bitte fragen Sie in Ihrer Buchhandlung nach diesem Buch!
Oder schreiben Sie an: SCM Hänssler im SCM-Verlag GmbH & Co. KG,
Max-Eyth-Str. 41, D-71088 Holzgerlingen.